Cómo sanamos

ALEXANDRA ELLE

Cómo sanamos
Descubre tu poder y libérate

El papel utilizado para la impresión de este libro ha sido fabricado a partir de madera
procedente de bosques y plantaciones gestionadas con los más altos estándares ambientales,
garantizando una explotación de los recursos sostenible con el medio ambiente y beneficiosa para las personas.

Cómo sanamos
Descubre tu poder y libérate

Título original: *How We Heal. Uncover Your Power and Set Yourself Free*

Primera edición: febrero, 2025

D. R. © 2022, Alexandra Elle

Esta traducción se publica por acuerdo con Chronicle Books LLC

D. R. © 2025, derechos de edición mundiales en lengua castellana:
Penguin Random House Grupo Editorial, S. A. de C. V.
Blvd. Miguel de Cervantes Saavedra núm. 301, 1er piso,
colonia Granada, alcaldía Miguel Hidalgo, C. P. 11520,
Ciudad de México

penguinlibros.com

D. R. © 2025, Karina Simpson, por la traducción
D. R. © 2022, Laxmi Hussain, por las ilustraciones

Penguin Random House Grupo Editorial apoya la protección del *copyright*.
El *copyright* estimula la creatividad, defiende la diversidad en el ámbito de las ideas y el conocimiento,
promueve la libre expresión y favorece una cultura viva. Gracias por comprar una edición autorizada
de este libro y por respetar las leyes del Derecho de Autor y *copyright*. Al hacerlo está respaldando a los autores
y permitiendo que PRHGE continúe publicando libros para todos los lectores.

Queda prohibido bajo las sanciones establecidas por las leyes escanear, reproducir total o parcialmente esta obra
por cualquier medio o procedimiento, incluyendo utilizarla para efectos de entrenar inteligencia artificial generativa
o de otro tipo, así como la distribución de ejemplares mediante alquiler o préstamo público sin previa autorización.
Si necesita fotocopiar o escanear algún fragmento de esta obra diríjase a CeMPro
(Centro Mexicano de Protección y Fomento de los Derechos de Autor, https://cempro.org.mx).

ISBN: 978-607-385-441-2

Impreso en México – *Printed in Mexico*

Para mis lectores
Cuando nos sanamos a nosotros mismos, sanamos nuestro linaje.
La sanación es un acto de cuidado comunitario.

Para mis hijas
Las amo más allá de las palabras.
Ustedes son la razón de mi sanación.

Índice

Nota de la autora: por qué sanamos 11

1
Empieza desde cero 21

Enfrenta las dudas y los miedos 27

Ofrécete perdón a ti mismo 43

Haz espacio para los nuevos comienzos 48

Identifica tus necesidades y nómbralas 56

2
Vuélvete amigo de tu miedo 61

Identifica tu miedo en la página 66

Ve el dolor como un compañero 71

Cultiva la conversación positiva contigo mismo 81

Ámate a ti mismo, un día a la vez 91

3
Reclama tu poder 95

Descubre tu
verdadera voz 100

Reescribe tu narrativa 110

Haz las paces con
viejas historias 118

Nutre a tu niño
interior 126

Lecciones y cartas para
tu yo más joven 132

Haz las paces con
tu pasado 139

4
Sana tu corazón 143

Ve hacia donde
te sientas bien 156

Crece en gratitud 165

Redescubre la alegría
y permanece en ella 174

Escribe cartas a la alegría 176

Libérate de lo que ya
no te sirve 184

Una nota para ti 191

Agradecimientos 193

Nota de la autora: por qué sanamos

Llevo años enseñando a gente de todo tipo a usar la escritura como medio para sanar. He dirigido talleres de cuidado personal en todo el mundo y he ayudado a miles de personas en sus viajes de sanación. Sin embargo, este libro estuvo a punto de no ser publicado. La duda en mí misma y el síndrome del impostor eran intensos. Me encontraba atrapada en una espiral de pensamientos negativos, haciéndome preguntas como: "¿Quién te crees que eres?, ¿qué te hace pensar que estás calificada para escribir esto? No eres terapeuta, ni médico, ni una erudita con formación investigadora. Tu experiencia no es suficiente".

Con ese discurso negativo a cuestas, iba a mi computadora y trataba de escribir un libro sobre la sanación, el autodescubrimiento y la confianza en uno mismo. Cada vez que me sentaba a escribir, me ardían los ojos. El corazón me latía rápido y me sudaban las manos. La ansiedad me ganaba una y otra vez. Casi todos los días, alejarme del proyecto me parecía algo más seguro que intentar escribir. Cuando me alejaba, la duda me decía: "¿Ves? No tienes la determinación para lograrlo. Por eso, esto no es para ti. No estás hecha para este trabajo". Qué intenso, ¿verdad? Las historias que nos contamos a nosotros mismos pueden construirnos o destruirnos.

Cuando empecé a pelar las capas y desentrañar por qué intentaba convencerme a mí misma de no escribir este libro, me di cuenta de que me preocupaba por algo equivocado: me preocupaba mucho porque mi experiencia no era suficiente, cuando en realidad sí lo es. Y aunque quizá no tenga un título en psicología o una plaza de investigación de tiempo completo, tengo una vida real que he vivido. Me han hecho daño y he sanado, y eso cuenta. Pude ver que mi papel es ayudar a las personas a mostrarse de forma auténtica en su sanación para que estén mejor que antes de leer este libro.

Comparto esta historia porque sé que todos hemos tenido momentos en los que dudamos de quiénes somos, o bien olvidamos quiénes somos y lo lejos que hemos llegado. A veces nosotros mismos somos nuestro crítico más duro. Todos, en algún momento, hemos inventado historias sobre quiénes no somos, en lugar de centrarnos en lo bueno de lo que somos. Quizá estés leyendo esto y pienses: "Alguien me dijo esas cosas negativas sobre mí y mis capacidades, y yo las creí". No importa de dónde venga tu visión reducida de ti mismo, debes recordar que en la sanación y la liberación de historias falsas y proyecciones externas no te servirá de nada encogerte y alejarte. La sanación requiere que nos pongamos en contacto con nuestro verdadero yo, y eso, amigos míos, requiere que nos mostremos y seamos grandes.

Llevo dos años trabajando con mi crítico interior en terapia y sanar la parte de mi mente que me dice que no soy lo bastante buena es un asunto en progreso. Sé que no soy la única. He tenido el honor de acompañar a miles de personas en su viaje de escribir para sanar. La forma expansiva en que la gente se mostraba en las páginas de sus diarios siempre me dejaba boquiabierta. Vi que, a través de la escritura, la gente podía mirar con honestidad su dolor como nunca antes. Todo el mundo dice lo mismo: "Quiero encontrarme a mí mismo, sanar mi corazón y soltar las cosas que se interponen en mi camino". Pero muy a menudo las personas eligen no mirar sus heridas emocionales, traumas y defectos porque no saben cómo sanarse a sí mismas después de descubrir el desastre que hay dentro.

Lo entiendo. Yo me alejé de mi dolor durante años. Darle la espalda me llevó a tener muchos comportamientos destructivos, como autolesiones, ansiedad, depresión y a tener un hijo a los 18 años porque buscaba amor, consuelo y atención en los lugares equivocados. Sanar lo que nos desgarra es un trabajo difícil, pero es posible. Los humanos somos complicados y tenemos defectos. Me gustaría que normalizáramos eso y que estuviéramos abiertos a darles la bienvenida a nuestros miedos e imperfecciones justo donde están.

Mi propio viaje de sanación se ha basado en escribir para sanar: la práctica de utilizar la escritura para soltar mi equipaje, procesar mis emociones más profundas y crear una nueva narrativa para mi vida. En mi práctica personal, la escritura me forma y sigue siendo mi permiso para mostrarme con defectos e insegura, al mismo tiempo que doy espacio a la gratitud, el potencial y el reconocimiento de lo lejos que he llegado.

Escribir me recuerda que no necesito tener las cosas claras para empezar a sanar. Al contrario, es un recordatorio de que debo presentarme tal como soy, con la curiosidad en la mano, dispuesta a enfrentarme a lo que tenga delante en la página. Es una herramienta que me recuerda que, incluso en la duda, el trabajo que necesito hacer saldrá a mi encuentro, esté donde esté. Conforme sano, llego a la página cruda y honesta y recuerdo que no soy la víctima de mis pensamientos. Cuando creía que no podía recomponerme lo suficiente como para escribir este libro, las páginas de mi diario me permitieron descubrir no solo mis *porqués*, sino también mis *por qué no*. La claridad siempre nos encontrará si somos lo bastante curiosos y honestos. Pero no será sin lucha. La sanación es un trabajo lento y sagrado que todos deberemos enfrentar a lo largo de la vida.

Cuanto más exploro mi propia sanación y más tiempo dedico a dar cursos de escritura para sanar, más descubro que el trauma no tiene por qué ser nuestro lugar de descanso. Podemos sentir, abordar y notar nuestro dolor sin tumbarnos en él y quedarnos ahí. Para mí, eso es lo que significa caminar por, o junto a, nuestra sanación, levantándonos de nuevo cada vez que tropezamos o caemos. Antes pensaba que eso era una lata —no llegar a estar sanada—, pero conforme más me conocía a mí misma y mis puntos de dolor, más cuenta me daba de que lo necesario es elegir no quedarme en el pozo de mi dolor, verlo por lo que es y usar las herramientas que comparto aquí. No hay un punto final para la sanación.

En la comunidad del bienestar se habla de la sanación como un objetivo final. El mensaje sugiere que si podemos sanar y superarlo (lo que sea), todo saldrá bien. Pero sanar no significa que ya no vamos a experimentar más sufrimiento o ternura debido a la situación original que nos dañó. La sanación es algo eterno o, como les digo a mis pacientes y alumnos, un recordatorio constante de que debemos querernos y cuidarnos, una invitación a cuidarnos como lo hacemos con los demás.

Sanamos para hacer espacio, para redefinirnos a nosotros mismos y nuestras narrativas. Para expandirnos y mejorar. Para perdonar, crear nuevas posibilidades y avanzar. Para construir comunidad y crear vínculos. Sanamos para liberarnos de la vergüenza, manifestar amor propio, crear autonomía y empezar de nuevo. Sanamos para redefinirnos, enfrentarnos a nuestros miedos y desarrollar la confianza en nosotros mismos. Sanamos para reparar relaciones y profundizar las conexiones con quienes nos rodean. Sanamos para liberarnos.

La sanación crea un sano sentimiento de unión que la miseria y la ruptura no pueden crear. Sé que esto es verdad porque pasé años de mi vida relacionándome con personas traumatizadas, y eso no era nada saludable para ellas ni para mí. Era codependiente y estaba atrapada en una confusión emocional. A veces sanamos para demostrar algo; a menudo la sanación está en demostrar, en cambiar y en hacer que otras personas den testimonio. Puede que haya personas en tu vida que aún no estén preparadas para hacer su propio trabajo de sanación, pero cuando te ven cambiar, romper ciclos y empezar a sanar, es casi como un permiso de lo que es posible para sus propias vidas.

Había mucha gente en mi vida que no había hecho su propia sanación, y me decían que yo sería una madre adolescente destruida y sin habilidades para la vida. No solo me negué a creer eso, sino que también trabajé duro para no ser lo que la gente esperaba. No permitiré que las proyecciones externas me destrocen.

Quizá seas el único que hace las cosas diferente en tu familia, o tal vez que seas el único que decide liberarse emocionalmente en tu grupo de amigos. Sé que puedes sentirte aislado, pero no ignores tu sanación porque estás esperando a que tus seres queridos sanen contigo. Actúa, establece límites y haz el trabajo porque tú eres el líder de tu vida y ellos son los líderes de la suya. Recuerda que puedes amar profundamente a las personas y aun así elegir no quedarte atorado con ellas en patrones poco saludables. Tu sanación puede marcarle el camino a los demás. Es una invitación abierta para que otros exploren cómo puede ser la sanación en su propia vida.

La sanación es transformacional y cíclica, ya sea que tengas un brazo roto o un corazón roto. Hay que ocuparnos de todo lo que nos duele, lo que está roto o lo que se derrumba. Ignorarlo no nos sana, sino que provoca una rápida desintegración de nuestra mente, cuerpo y espíritu. Si no enfrentamos lo que nos lastima o nos duele, seguirá destrozándonos.

Descubrí que sanarme era una elección activa de aprender de mis errores y recordar mi valía. Requiere esfuerzo. Requiere encontrar en cada momento el punto dulce de la reparación. Por eso digo que esto es para siempre, un amor para siempre, una especie de matrimonio. Confiar en que la sanación es una elección activa que puede ser muy dura me dio paz interior en los días que más dolían. Cuando dejé de pensar que estaría sana para siempre después de sanar la primera vez, desapareció la decepción de no tener una experiencia única e irrepetible. Recordar que no estoy rota, que necesito atender eso mismo de lo que creía que ya había sanado, me ofreció una sensación de gracia.

En este libro te invito a que me acompañes en un viaje de sanación, un viaje de reconexión contigo mismo y de bienvenida a la alegría que aparece ante tu puerta. Espero que este libro te brinde los recursos necesarios para crear tu propia práctica de sanación personal. Es una invitación a encontrar lo que funciona y te hace sentir bien. Y aunque para cada uno de nosotros la sanación puede verse y sentirse muy diferente, todos tenemos algo en común: el deseo de vivir una vida plena y liberadora, incluso cuando las cosas se ponen difíciles.

En las siguientes páginas te guiaré a través de un proceso de sanación en cuatro pasos. En el paso 1 nos ocuparemos de las dudas sobre nosotros mismos y dejaremos espacio para nuevos comienzos, con el fin de que estemos preparados para recorrer el camino que tenemos por delante. En el paso 2 trabajaremos para aprender a volvernos amigos de nuestro miedo y que así deje de controlarnos.

El paso 3 te da lecciones para reclamar tu poder y reescribir tu historia con intención. Y el paso 4 se centra en inclinarte hacia lo que te hace sentir bien para vivir con gratitud y alegría.

Este proceso de cuatro pasos es el mismo marco en el que he basado mi propio viaje de sanación, y es un proceso que ha ayudado a miles de participantes de mis talleres a sanar su corazón. Aunque la sanación nunca es lineal, espero que seguir estos pasos te dé una base para la sanación: bloques de construcción a los que puedas volver una y otra vez.

A lo largo de cada paso encontrarás ejercicios de escritura que podrás seguir en tu diario. Llevar un diario es fundamental para el trabajo que haremos juntos. Tal vez llegues a este libro pensando: "No soy escritor" o "Nunca he sido bueno para llevar un diario". Deja atrás esos pensamientos.

Escribir para sanar es para todos. Permite que tu diario sea tu confidente, tu compañero y tu espejo. Un lugar seguro donde desmoronarte y recomponerte. Cuando escribimos para sanar, nos presentamos ante nosotros mismos sin pretensiones ni juicios, y creamos un espacio para conectar con las partes más profundas y sagradas de nuestro interior.

Además de los ejercicios de escritura, también encontrarás temas de conversación, meditaciones y prácticas de respiración. Juntos, estos elementos forman la columna vertebral de este viaje para sanar. Escribimos para soltar nuestro equipaje, darle sentido a nuestro dolor y manifestar nuevas narrativas. Nos conectamos con nuestros seres queridos para crear comunidad y encontrar apoyo. Meditamos y respiramos para liberar la tensión de nuestro cuerpo y dejar espacio para la sanación y la alegría en nuestro espíritu.

El libro está salpicado de ensayos y entrevistas a mujeres increíbles —escritoras, atletas, terapeutas, artistas y otras— que han llevado a cabo una profunda labor de sanación. Espero que sus historias te brinden esperanza e inspiración en tu propio camino.

Conforme avanzas en la lectura de este libro, recuerda que siempre queda trabajo por hacer. La sanación es un acto de restauración del linaje: consiste en enfrentar y reparar los traumas que se han transmitido de generación en generación, y eso lleva tiempo. Incluso si eres el único de tu familia que está haciendo el trabajo de sanar, no te desanimes. Eres capaz de abrir el camino y marcar la pauta. Tal vez sientas que tienes mucho que cargar, pero recuerda que siempre puedes soltar tu equipaje y dejar algunas cosas atrás. Saca de tu maleta emocional algunos de esos viejos sentimientos y hábitos. Si no te sirven, déjalos ir. No todo el mundo entenderá tu compromiso contigo mismo, tu bienestar y tu trabajo de sanación. No te preocupes por no ser comprendido. Recuerda por qué estás sanando y mantén la promesa de seguir adelante que te hiciste a ti mismo.

Y cuando la sanación te parezca compleja, complicada o excesiva, te invito a descansar. Tómate un respiro y vuelve a lo que estás intentando superar, trabajar y recomponer. La sanación no consiste en hacerlo lo más rápido que puedas, sino en tomarte tu tiempo, centrarte en ti y priorizar tus necesidades. Ocuparte de tu sanación es un acto de autoayuda que nadie más puede darte y que nadie más puede hacer por ti. Tú eres capaz, aunque eso signifique que necesitas alejarte un tiempo para recalibrarte.

En nuestro viaje juntos, observaremos nuestros defectos para enfrentarlos y sanar nuestras heridas emocionales de forma sana y solidaria. También observaremos nuestros pequeños momentos de alegría, sanación y gratitud. Celebrarnos también forma parte de este trabajo. Haremos pausas en el trabajo de sanación profunda sobre la página y miraremos nuestra vida a través del lente de la alegría y aprenderemos a identificar lo que nos hace sentir vistos, seguros y apoyados.

Maya Angelou dijo: "Nada funcionará a menos que tú funciones". Mantén esta frase cerca. Si quieres que tu sanación te aporte claridad, debes estar presente y hacerte cargo de ella, incluso de lo más caótico y desagradable. Sí al descanso, pero también sí a la revisión. La sanación vendrá en oleadas, así que céntrate en ti mismo, tu cuerpo y tus sentimientos, mientras te abres camino a través de lo bueno y lo malo. Cuando nos sanamos a nosotros mismos, empezamos a sanar nuestro linaje y nuestras comunidades. Eso, amigos míos, es un acto radical y necesario.

Escribe en tu diario

Diez razones por las que me sano

En tu diario, titula la parte superior de tu página "Por qué me sano". Enumera 10 cosas que te vengan a la mente. Puedes hacerlo todo de una vez o volver a ello conforme te lleguen cosas a la cabeza. A continuación te doy algunas pistas para que tu mente empiece a trabajar.

Estoy sanando porque quiero…

Estoy sanando porque necesito…

Estoy sanando porque merezco…

Estoy sanando porque me siento…

Estoy sanando porque veo…

Estoy sanando porque me encanta…

Estoy sanando porque mis…

Estoy sanando porque estoy…

Estoy sanando porque puedo…

Estoy sanando porque elijo…

Una vez completada la lista, elige las tres razones principales y escribe cada una en una nota adhesiva. Coloca cada nota en algún lugar de tu espacio vital: la cocina, el espejo del baño, el buró. También puedes tomarles una foto y ponerlas como fondo en tu teléfono. Ver no solo es creer, sino también recordar. Si necesitas un empujón para empezar, echa un vistazo a mi lista completa.

Estoy sanando porque quiero **libertad emocional**.

Estoy sanando porque necesito **claridad**.

Estoy sanando porque merezco **sentirme en paz**.

Estoy sanando porque me siento **abierta y preparada**.

Estoy sanando porque veo las **posibilidades de crecimiento**.

Estoy sanando porque me encanta **mirar atrás y ver lo lejos que he llegado**.

Estoy sanando porque **mis hijos me miran**.

Estoy sanando porque estoy **comprometida a romper los ciclos enfermos**.

Estoy sanando porque puedo **crear paz en mi vida y en mi mente**.

Estoy sanando porque elijo **confiar en el proceso y en el camino que tengo por delante**.

1 Empieza desde cero

La sanación es un viaje sin fin. Incluso cuando creo que ya superé algo, la vida me lanza una bola curva que me lleva de regreso a un lugar interior donde dudo de mí misma y de vuelta a un discurso negativo. Esta lección apareció ante mí hace poco, durante un viaje con mi querida amiga Erika.

Erika y yo nos sentamos alrededor de una mesa de madera en la encantadora casa que rentamos. Hablamos de nuestras vidas y de las muchas transiciones que nos sucedían en la maternidad, la pareja y el trabajo. Ella estaba separada de su marido. Yo me esforzaba por estar en casa todos los días durante la pandemia. Durante la cena y con una copa de vino, hablamos de todo: lo bueno, lo malo, los cambios y las dificultades. Recuerdo que pensé que había algo muy sanador en la red de seguridad y sin prejuicios de la hermandad. Me sentí muy bien pasando tiempo sin interrupciones con una amiga.

Conforme la conversación avanzaba de nuestras vidas actuales a nuestra infancia, me pareció buen momento para empezar a hornear el pay de durazno que había estado preparando todo del mes. Llevaba todo el día hablando maravillas de este postre con Erika, y las dos queríamos probarlo.

No siempre me interesó la cocina. De niña, la cocina no era un lugar divertido para mí. No se fomentaban los tiraderos y yo estorbaba más que ayudar. Veía a mi madre hornear y cocinar desde lejos. Durante muchos años, cocinar me pareció más una actividad prohibida que una práctica liberadora y sagrada. Entonces, cuando tenía poco más de 20 años, una amiga íntima me enseñó a dejar de darle tantas vueltas y empezar a saborear y sentir la cocina. Al mirar atrás, veo que esa fue una de mis primeras lecciones de adulta sobre la confianza en uno mismo: no saber lo que hacía e intentarlo de todos modos. Ahora, como adulta a la que le encanta hornear, sobre todo junto con mis hijos, he encontrado mucha sanación en empezar de cero, en ensuciar, con la harina en la ropa y el azúcar endulzando las repisas, y en lamer la cuchara de la masa o el glaseado. Empezar de nuevo, cada vez, para crear algo que provoque una sonrisa y llene el estómago, algo que nutra el cuerpo y el alma.

Eso es lo que deseaba compartir con Erika, la nutritiva experiencia de reunirnos para compartir un platillo hecho desde cero. Cuando sonó el temporizador para el pay, corrimos hacia el horno, felices y listas para probar el postre. Se veía delicioso. Tenía el tono perfecto de café dorado y el azúcar se caramelizó de maravilla. Mi amiga y yo veíamos la mantequilla burbujeando como minierupciones bajo la corteza. Estaba tan emocionada por lo rico que se veía que le tomé una foto al pay y le envié un mensaje emocionada a mi mamá y a mi abuela para enseñarles mi creación casera.

Mi mamá me respondió: "Tu cocina está mejorando...". "¿Mi cocina está mejorando?", le contesté. "Llevo años cocinando y horneando. Tengo toda una familia a quien cocinarle, no es algo nuevo".

Después de eso, la conversación quedó en silencio.

Me hervía la sangre y estaba muy frustrada conmigo misma por haberle enviado ese mensaje. En ese momento, pensé: "Claro que mi madre nunca puede decir simplemente: 'Alex, ¡qué rico!' o '¡Buen trabajo! ¿Qué tal su sabor?'. Incluso un simple '¡Qué rico!' sería suficiente. Siempre tiene que decirme algo que me deje cuestionándome". Levanté la vista del teléfono con lágrimas en los ojos, sintiéndome a la vez dolida y tonta por sentirme herida. Erika me preguntó qué me pasaba y empecé a llorar. Me abrazó. "No pasa nada, linda", me dijo con su voz cálida y cariñosa. "Todos tenemos detonantes que aún estamos superando".

Cuando me calmé, hablamos al respecto. Le expliqué las emociones que me producía sentirme no merecedora o no lo bastante buena cada vez que hacía algo, ya sea grande o pequeño. Y aunque había trabajado mucho para sanar y procesar cosas, como la relación con mi mamá, ciertas interacciones —incluso un breve mensaje de texto— seguían provocando que yo retrocediera en espiral.

Le conté a Erika lo doloroso que es sentirme la única persona consciente de mi familia y lo difícil y solitario que es ser la matriarca de la sanación de mi linaje. Me sentía frustrada conmigo misma por no haber llegado aún al punto de aceptar que ciertas cosas siempre serán como son. Empezar de cero una y otra vez, al igual que la repostería que me encanta hacer, era más frustrante que gratificante.

La lección que surgió de este tierno momento fue que podía hacer las paces con la realidad de mis circunstancias o seguir poniéndome en situaciones en las que espero resultados diferentes, cuando sé que no los obtendré. Esto no nos convierte ni a mí ni a mi madre en buenas o malas, solo significa que ciertas cosas no pueden cambiar y que somos diferentes. Yo era quien tenía el problema. Mi mamá no sufría como yo. No tenía ni idea de que ese intercambio me arruinó la noche y me hizo sentir invalidada y herida. Yo todavía estaba sanando de heridas de la infancia que necesitaban mi atención. Erika me dio espacio y me escuchó con atención. Me recordó que nuestros padres lo hacen lo mejor que pueden con lo que tienen, y a veces lo mejor que pueden no nos ayuda a sanar como queremos o necesitamos.

He aprendido a empezar de cero tan bien que, al igual que hornear, ahora me resulta más reparador que agotador. Cuidarnos y cuidar nuestras relaciones requiere dedicación, una comunicación clara y un corazón abierto. Cuando liberamos el control y abordamos nuestras necesidades y deseos, llega más fácil la claridad, incluso cuando nos sentimos decepcionados o tristes. La sanación, el duelo y los puntos de dolor aparecen en oleadas. Tener que empezar de nuevo en tu proceso no te vuelve débil, indigno o sin la capacidad de cambiar, sino que te convierte en un ser humano que está en sintonía con sus sentimientos. Permite que las adversidades de tu vida te muestren lo mucho que estás aprendiendo. Permite que los pequeños momentos de alegría, como espolvorear azúcar mascabado sobre un pay, te recuerden lo lejos que has llegado en tu trabajo de sanación.

No todo es malo, incluso cuando las cosas nos desafían o nos impulsan a crecer y a expandirnos de formas nuevas y, a veces, incómodas.

Tal vez pienses que el intercambio de textos con mi mamá no merecía una reacción tan grande y emocional. Pero fue enorme para mí, que he pasado incontables años en una relación complicada con ella. Principalmente porque cada vez que creo que estamos dando tres pasos hacia delante, pasa algo que nos hace dar diez pasos hacia atrás.

Comparto esta historia porque algunas cosas siempre van a necesitar nuestra atención a lo largo del proceso de sanación, incluso si pensamos que hemos avanzado en el proceso. En cualquier momento pueden aflorar fragmentos delicados de nuestra vida, y a veces retroceder forma parte de la sanación. No tiene nada malo empezar de cero, una y otra vez. Sí, puede parecer agotador. Sin embargo, replantear nuestro proceso de pensamiento en torno a la sanación es necesario para nuestro crecimiento y desarrollo personal. Aquí es donde entran en juego la gracia, la autocompasión y el autoconsuelo. En ese momento con Erika, después de calmar mis emociones y mi triste niña interior se retirara, tuve las herramientas que necesitaba para sentirme mejor, para sentirme centrada de nuevo.

En la siguiente sección nos enfocaremos en cómo enfrentar la duda y el miedo, y trabajaremos con algunas prácticas diseñadas para anclarte en el camino de la sanación y así, cuando vuelvas al principio de tu proceso, tengas las herramientas para empezar de nuevo.

Enfrenta las dudas y los miedos

En nuestro camino hacia la sanación habrá muchos momentos de retroceso e incertidumbre, momentos en que la duda y el miedo amenazarán con descarrilar nuestro proceso. Ojalá no fuera así, pero lo es. Lo bueno de tener que volver a empezar son las lecciones que podemos aprender si ponemos atención. Cuando se trata de sanar, ya sea en terapia, en un diario guiado o en conversaciones con seres queridos o con nosotros mismos, es intimidante hacer las cosas difíciles que se nos piden. La duda y el miedo intentarán ahuyentarnos. Pero huir de lo que nos asusta ver no provocará que desaparezca eso que nos causó dolor. Desmantelar la duda y el miedo no es tarea fácil y puede resultar agotador si no tenemos las herramientas adecuadas. La clave está en ejercitar los músculos emocionales de la compasión, el compromiso y la valentía.

Vamos a trabajar juntos para fortalecer esos músculos y liberar nuestros miedos y dudas a través de la práctica de la escritura. Te invito a que empieces poco a poco y vayas avanzando. Con frecuencia, cuando hacemos este tipo de trabajo de sanación introspectiva, intentamos abordarlo todo de una vez, en lugar de hacerlo poco a poco. En un momento dado, yo era la reina de hacer eso: pensaba que apresurarme en mi proceso de sanación lo haría más fácil y que acelerar las cosas me daría más tiempo para pasar a la siguiente cosa que necesitaba sanar. Esto no era ni es sostenible. No me di cuenta de que me costó años de dolor llegar a donde estaba, y que me costará años sanar, si no es que toda la vida. Sé que ninguno de nosotros se apunta para estar siempre en proceso, pero es una parte de ser humanos y debemos enfrentarlo.

El descanso es una parte esencial de este viaje. El descanso nos da la oportunidad de cuidar nuestra mente y cuerpo para que tengamos reservas para enfrentarnos a la duda y el miedo. En muchos momentos en los que me he sentido agotada por el exceso de sanación me ayudó enormemente tomarme esos descansos tan necesarios para no preocuparme por lo que me duele, me lastima o me rompe el corazón. Mi temerosa voz interior intentaba persuadirme para que no me tomara descansos, diciéndome que me perdería de algo si lo hacía. Me resistía a tomarme un descanso porque dudaba que pudiera volver al trabajo que había estado haciendo. Sin embargo, tras meses y meses huyendo del descanso emocional, me convencí a mí misma de que debía confiar y creer en lo lejos que había llegado. Descansar no arruinaría eso ni me impediría sanar en el futuro. Optar por dar un paso atrás me recordó que debía encontrar la alegría, confiar en que merecía la tranquilidad y abrazar la felicidad que surge al otro lado de todo el duro trabajo emocional.

Casi siempre, los sentimientos de agobio se deben a que intentamos ver la imagen final en nuestra cabeza —nuestro yo "sanado"— sin más trabajo que hacer. Nos precipitamos porque ya queremos estar mejor. Pero mientras explicas este trabajo interior, me gustaría animarte a hacer lo contrario. Apresurarte con las cosas que tienes que desempaquetar y reorganizar te llevará a una mayor frustración y a una menor autocompasión. Puede derribarte y distraerte para que no vuelvas a levantarte. Yo aprendí pronto que la sanación no funciona bien cuando se apresura. La impaciencia no te llevará a ninguna parte; créeme, lo sé por experiencia.

Esto vale tanto para la sanación mental como para la física. Si nos rompemos un hueso, nos cortamos o nos lastimamos una parte del cuerpo, la paciencia es necesaria para sanar, ¿verdad? Lo mismo pasa con la salud mental, los traumas y el bienestar emocional. Si tenemos cicatrices de una ruptura, sufrimos abusos en la infancia o nos enfrentamos con dificultades por una mala relación con nuestros padres, necesitamos tiempo, atención y ternura para sanar. No podemos apresurarnos a superar el dolor; debemos sentarnos con él y superarlo. Debemos aprender a permanecer en medio de nuestro dolor para poder atravesarlo y llegar al otro lado. Permitir que la duda en ti mismo y el miedo te alejen te llevará más lejos del objetivo final de la paz interior, la sanación y la gracia.

Con los años, también llegué a darme cuenta de que tenía miedo de tomarme mi tiempo y estar en medio de mi sanación porque no tenía ni idea de qué trauma o desencadenantes o puntos de dolor del pasado saldrían a la superficie en un momento dado. No me gustan mucho las sorpresas, y este trabajo del alma que estoy comprometida a hacer es realmente sorprendente. Dudaba de mi capacidad para manejar las grandes emociones que podrían salir a la superficie. Aprender a tomarme las cosas paso a paso —y algunos días, minuto a minuto— me dio el espacio para confiar en que podía tomarme mi tiempo para sanar. Me di cuenta de que no tenía que apresurarme, pero sí tenía que sentirlo todo. Y cuando no podía, también tenía que confiar en mí misma lo suficiente como para alejarme y volver con una visión más clara, un corazón más ligero y una mente abierta.

No te estoy diciendo que no tengas miedo, porque este trabajo puede ser aterrador. Te estoy animando para que no huyas de lo que te asusta ante la página. Míralo, y no dudes de que eres capaz de sanar las partes tiernas de ti mismo y de tu historia. Esto llevará mucho tiempo, práctica y fracasos. Sin embargo, cuando te comprometes a seguir con tu sanación, en el camino aprendes a ser paciente. Conforme sigas practicando permanecer en tu camino de sanación, en lugar de abandonarla cuando surjan dudas, esta se volverá menos intimidante. Sé paciente contigo mismo y con este proceso. La intención del trabajo de sanación que estás haciendo es recordarte a ti mismo que debes seguir en él, incluso cuando estés atrapado en momentos de incertidumbre y ansiedad.

En la siguiente práctica, que encontrarás en la página 38, empezarás a desgranar tu dolor sobre el papel, poco a poco, y a identificar dónde y qué te duele, y cómo quieres sentirte. Este ejercicio es clave para construir la confianza en ti mismo, el antídoto contra la duda. Cuando te comprometes a descubrir tus verdaderos sentimientos, te comprometes a reclamar tu poder y a defender con valentía tu verdad.

Sanar con arte
Morgan Harper Nichols

Soy una mujer autista que escribe y hace arte. Empecé a hacer esas dos cosas como una forma de encontrar paz en mi propia vida. Antes de mi diagnóstico de autismo, que llegó hasta que tuve 31 años, vivía con la carga del miedo, la ansiedad y comparándome con los demás. Mi diagnóstico me ayudó a comprenderme mejor y a aprender a sanarme.

Durante la mayor parte de mi vida me he comparado con quienes me rodean. Y no solo comparo cómo crean sus vidas los demás o qué hacen con ellas, sino también cómo encuentran la paz en sus vidas, cómo encuentran la resolución. Por ejemplo, me encanta leer lo que otros hacen para cultivar el cuidado personal en sus vidas. A veces leo una historia sobre el método de sanación de alguien o lo que hace para encontrar su camino y pienso: "Si hago eso, tal vez también me funcione a mí". Mi diagnóstico de autismo me dio mucha claridad sobre por qué ciertas cosas no me funcionaban, como tomar un baño caliente. Eso no me calma. El agua se siente rara en mi piel, siempre ha sido así, y nunca supe por qué. Solía pensar: "Esto debería gustarme. Debería hacerme sentir mejor". Encendía las velas y hacía todo el ritual. Y seguía pensando: "¿Por qué no disfruto esto?". Cuando me diagnosticaron autismo, descubrí que también tenía un trastorno de procesamiento sensorial. Este trastorno hace que ciertas texturas me resulten extrañas. Incluso cuando el agua toca mi piel, me siento muy incómoda y nerviosa.

Durante mi infancia sufrí mucha ansiedad. Mi familia tiene muchas complicaciones de salud, y algunos familiares a los que estaba muy unida murieron muy jóvenes. Siempre he sentido que la vida es muy frágil. Eso me hizo reflexionar mucho sobre por qué seguía aquí, viva. ¿Qué tenía yo de especial? Quería vivir una vida hermosa y con sentido, sobre todo si podía terminar abruptamente, en cualquier momento. Hace poco me di cuenta de que tengo la edad de un familiar fallecido al que estaba muy unida y veía casi todos los días. Me senté y pensé: "Dios mío, tengo la edad que ellos tenían cuando murieron". Cuando fallecieron, era un día festivo y estábamos juntos. Eso lo viví a los 11 años. Ha sido muy difícil darme cuenta de que tenían 30 y pocos, y ahora yo también. No sé cómo describirlo, salvo con una mezcla de ansiedad, estrés, rabia y dolor. Ellos se han ido y yo sigo aquí... eso me impacta y requiere actos diarios de sanación. Por desgracia, desde entonces han muerto otros familiares. Cada vez me siento más angustiada. Por un lado, la pérdida me hace estar agradecida por la vida. Por otro lado, me hace preguntarme qué se supone que debo hacer. De inmediato quiero respuestas. Es un flujo y reflujo constante para mí.

Gran parte de mi ansiedad se debía a que yo era muy dura conmigo misma. Pensaba que debía resolverme la vida, hacer siempre lo correcto y no cometer errores. Pero tener esas buenas intenciones me provocaba más ansiedad. Me obligaba a cumplir una lista de "cómo ser un buen humano" y me olvidaba de cuidarme, lo que aumentaba mi ansiedad.

Hubo un tiempo en que me comparaba constantemente con los demás, incluso cuando tan solo tenía un mal día. De inmediato pensaba: "¿Qué hice mal?".

Recibir mi diagnóstico de autismo me ha ayudado a comprender mejor mi ansiedad y mis miedos. Descubrí que en realidad tengo la amígdala agrandada, lo que significa que el miedo y la ansiedad que siento son mayores. Fue muy sanador saber que había algo neurológico que estaba fuera de mi control inmediato. He sentido mucho miedo desde que era niña. Aunque saber lo que estaba mal no arregló ni eliminó el miedo, conocer la verdad cambió mi vida. Pude respirar hondo y ofrecerme un poco de autocompasión. Durante años me atribuí toda la responsabilidad de microgestionar el miedo que se acumulaba en mi cabeza. Y ahora sé que esto es más grande que yo. Asumirlo me permitió ver las cosas con un poco más de claridad.

Por primera vez en mi vida, sin vergüenza ni disculpas, decidí tomar medicamentos. Antes de que me diagnosticaran, nunca me lo había planteado. Pensaba que tenía que descubrirlo por mí misma. Pero ahora que sé lo que realmente me pasa, me han llevado a buscar ayuda a nivel neurológico. Esto ha marcado una diferencia significativa en mi vida. Ahora me doy más gracia a mí misma y hago las cosas que me parecen sanadoras *para mí*, aunque no vea a otras personas haciéndolas.

Estoy aprendiendo a hacer lo que funciona para mí, mi proceso sensorial y mi sanación. Una cosa que me funciona es tomar los medicamentos antes de bañarme para no sentirme tan intranquila e incómoda todo el tiempo. Tengo que limpiar mi cuerpo, así que debo tolerarlo. Y ahora me siento menos estresada porque el ritual de la tina y el baño no es lo mío. Sé qué es lo mío, y lo ha sido desde que era niña: dibujar y pintar.

Cuando convertí mi arte en un negocio, durante mucho tiempo estuve convencida de que debía encontrar algo nuevo. Era como si mi arte ya no fuera mío para disfrutarlo, sino algo para compartir y darles a los demás. Sentía que ya no podía acudir a mi arte como un lugar de santuario. Era casi como si tuviera que ir a otro sitio para encontrar una conexión más profunda, algo que no estuviera relacionado con el trabajo. Pero ahora me doy cuenta de que está bien —sí, es mi trabajo— y también es algo que siento que sana a mi niña interior. Cuando pasan cosas en medio del día y estoy coloreando, también estoy sanando y trabajando. Esa parte infantil de mí, la Morgan de seis años que llevo dentro, está encantada con eso. Así que, pase lo que pase, debo mantener eso como parte de mi vida, aunque se haya convertido en trabajo. Responder a la llamada de mi corazón creativo me ha cambiado la vida. Me encanta hacer cosas que signifiquen mucho para mí y que puedan conectar con los demás.

Desde que recibí el diagnóstico de autismo, siento que estoy aprendiendo más sobre mí misma y recuperando partes de mí que de cierta forma había designado al trabajo, pero no es solo trabajo. También es una profunda sanación y libertad creativa. Cuando empiezo a pensar que dibujar y pintar no es lo máximo para el cuidado personal, me recuerdo a mí misma que esto es lo que yo necesito, así que voy a hacerlo. Y estoy muy orgullosa de mí misma por ello. No es un viaje perfecto en absoluto. Todavía tengo días en los que soy demasiado dura conmigo misma, pero definitivamente estoy aprendiendo cada vez más sobre lo que me gusta, lo que disfruto y lo que necesito. Estoy aprendiendo a adueñarme realmente de eso.

Conforme sano y sé lo que necesito con más claridad, también he ido descansando más. El descanso emocional también ha sido esencial para mí. Me he sentido más cómoda con que el mundo tenga que esperar. Mi bienestar es vital para mi supervivencia, mi arte, mi maternidad y mi compromiso con mi oficio. Esto tiene que incluir descansar y volver a centrarme. En mi viaje de sanación emocional me he dado cuenta de que necesito espacio. Eso no significa que evite las cosas. Significa que reconozco que no puedo sostener todo esto todo el tiempo a plena capacidad. Me he estado dando más permiso para dejar las cosas de lado por un momento y volver a ellas cuando pueda.

Sano haciendo cosas que me recuerdan que soy un ser humano y, en muchos sentidos, sigo siendo esa niña pequeña que solo quiere sentirse segura en el mundo… y que no se sentía segura en el mundo. Estuve sin diagnóstico la mayor parte de mi vida, tuve que lidiar con muchas cosas y no sabía por qué.

Sano volviendo a esas cosas que me hacen sentir segura y me hacen sentir en paz. Cuando era pequeña me sentía muy abrumada. Así que recupero mi poder encontrando tranquilidad.

Sano pintando. Sano haciendo garabatos.

Sano saliendo a la calle, quitándome los zapatos y dejando que mis pies descalzos toquen el pasto y observando el movimiento de las nubes y buscando formas.

Sano mirando a los árboles. Sano de muchas pequeñas maneras.

Volver a las pequeñas cosas que antes no era capaz de notar me aporta una sensación de paz, y ahora eso me ayuda a sanarme como adulta.

Hoy me sano al sanar a mi yo más joven.

Morgan Harper Nichols es artista, escritora y música.

Escribe en tu diario

Identifica los puntos de dolor y los sentimientos

Haz tres columnas en tu diario. Titula cada columna con una de estas preguntas: "¿Qué me duele? ¿Dónde me duele? ¿Cómo quiero sentirme?". Empieza con una columna cada vez. Puedes escribir cosas grandes o pequeñas. Escribas lo que escribas, asegúrate de ser sincero contigo mismo sobre tus sentimientos. No importa si parece una tontería, algo insignificante o demasiado para que quepa en el papel. Eso nunca es importante. Recuerda que el objetivo es ser intencionado y vulnerable. Conforme vayas anotando tus palabras o frases en cada sección, haz una pausa para reflexionar y vuelve a leer lo que has escrito. Cada columna debe tener de tres a cinco cosas. No tengas prisa por hacer esta práctica de una vez. Vuelve sobre ello en los próximos días y observa qué es lo que más te resuena. Una mirada nueva siempre facilita un poco el proceso. Una vez completado el cuadro, elige lo que más resuene en cada columna y analízalo haciéndote preguntas sobre el porqué y el cómo. Fíjate en los siguientes ejemplos y úsalos como guía.

¿**Qué** te duele? > Que me hayan despedido de mi trabajo. > ¿**Por qué** te duele? > Porque me sentí sorprendido y ahora estoy lidiando con sentimientos de rechazo. > **¿Cómo** quieres sentirte? > Quiero sentirme como una parte valiosa del próximo equipo en el que esté.

¿Qué te duele? > Que perdí a mi suegra por un cáncer de mama. > **¿Por qué** te duele? > Porque era quien mantenía unida a nuestra familia y la extrañamos más allá de las palabras. > **¿Cómo** quieres sentirte? > Incluso en los días difíciles, celebramos su vida. Queremos sentir su presencia lo más frecuente que podamos.

¿Qué te duele? > Sentir que no me querían y que me rechazaban cuando era niña. > **¿Por qué** te duele? > Porque eso todavía me hace sentir inadecuada, perdida y sola en la edad adulta. > **¿Cómo** quieres sentirte? > Quiero sentirme segura de mí misma y querida en mis relaciones.

Abraza tu verdad

Para desarrollar la confianza en nosotros mismos, tenemos que decirnos la verdad. Esta práctica está diseñada para ayudarte a abrazar tu verdad y así puedas enfrentarte a la duda cuando surja. Para ello, debes ser honesto con tus miedos y con tus puntos fuertes. Es un acto de valentía y vulnerabilidad. Te invito a que identifiques tus miedos y te reafirmes con un lenguaje positivo y de apoyo. En una página en blanco de tu diario dibuja un diagrama en forma de T. Pon en un lado "Lo que me asusta" (miedos y dudas) y en el otro "Yo soy" (afirmaciones positivas).

Cuando ponemos las cosas por escrito podemos ver nuestra verdad delante de nosotros, ya sea grande o pequeña. Poner las cosas por escrito nos invita a decir la verdad de una forma nueva. Nos anima a acercarnos a nosotros mismos en la página. Es imposible huir, escondernos o mentirnos a nosotros mismos.

Cuando hago este ejercicio, me gusta ser lo más honesta posible conmigo misma en la página. Aunque puede ser algo muy incómodo, esa incomodidad me ha sido extremadamente útil a largo plazo. ¿Por qué? Porque me obliga a mirar las cosas que preferiría no ver. Me inspira a mirar no solo las cosas negativas o desafiantes de mi vida, sino también las positivas, y eso me da el valor para continuar por el camino que he elegido.

Mi consejo no es que te alejes de la página, sino que te vuelques hacia ella. Si te dan miedo las alturas, escríbelo. Si tienes miedo al abandono, escríbelo. Si tienes miedo de no volver a encontrar el amor, o de no encontrarlo nunca, escríbelo. Nada es demasiado o muy poco, siempre que sea tu verdad.

Las listas pueden ser tan profundas o desenfadadas como quieras o necesites. El único requisito es ser honesto sin pedir disculpas sobre cualquier cosa que surja. Escribir para sanar consiste en identificar los pequeños momentos de miedo, alegría, amor y gratitud que surgen. No siempre se trata de las enormes montañas que tenemos que escalar; igual de importante es explorar nuestros valles. Tu verdad no siempre parecerá bonita y ordenada, y no tiene por qué serlo. La autenticidad rara vez viene en un bonito envoltorio. No escribimos para representar un papel, sino para ser sinceros con nosotros mismos y sanar. Tómalo en cuenta conforme te sumerjas en esto.

Recuérdate a ti mismo que la perfección no es bienvenida en la página y que si en el primer intento sientes que es difícil, está bien. Sigue intentándolo. No tienes por qué hacer la lista de una sentada; puedes convertir este ejercicio en una práctica diaria. Si te parece demasiado intenso, piensa en hacerlo a lo largo de diez días, añadiendo dos cosas nuevas a la lista cada día: una en la columna del miedo y otra en la de las afirmaciones.

Si necesitas motivación, aquí tienes algunos ejemplos de mi propio diario:

Lo que me asusta	Yo soy/estoy
No ser suficiente	Capaz de descubrir mi valía
No progresar en mi vida	Dando pasos para avanzar en mi vida
Fracasar y no poder recuperarme de ello	Aprendiendo que el fracaso forma parte del crecimiento y del éxito
Morir antes de vivir una vida plena	Viviendo hoy y el momento
Ser infeliz y no saber dónde o cómo encontrar la alegría	Dándome permiso para volver a empezar tantas veces como necesite
Anteponer las necesidades de los demás a las mías y sentirme agotado	Cuidando primero de mí misma para tener la energía y el espacio necesarios para compartir mi abundancia.

Ahora, cuando vuelvo a mirar mi lista, me acuerdo de lo lejos que he llegado. Algunas cosas de mi columna de miedos todavía me asustan un poco, pero no me resuenan tanto como antes. Mis afirmaciones me muestran que, incluso en medio del miedo y la duda, puedo ser paciente, amable y compasiva conmigo misma y con mi proceso. Cuando revises tus listas recuerda liberarte de esa voz crítica que te dice que lo estás haciendo mal o que eso que te asusta es una tontería. Esa voz te está mintiendo. Llegar a la raíz de tu sanación requerirá que seas lo bastante valiente como para silenciar a ese crítico interior. Cuanto más realices esta práctica más aprenderás a sentarte en armonía con el malestar que pueda surgir. Date permiso para estar presente en la página. No tengas prisa por terminar. Ve a tu ritmo y pon atención a cómo te sientes durante el proceso.

Meditación

Estoy haciendo espacio

Con el fin de hacer espacio para la claridad, el descanso y la sanación debemos dejar ir pensamientos, sentimientos y cosas que nos agobian y nos mantienen atorados. No todo a lo que nos hemos aferrado puede venir con nosotros. Soltar es incómodo, pero aferrarte a lo que necesitas soltar te perjudicará más de lo que te ayudará. La duda en uno mismo no nos servirá en este viaje.

Puedes repetir todos los días esta meditación para crear un espacio como recordatorio para que te des permiso de soltar el miedo y las dudas antes de empezar el día o al terminarlo. También puedes elegir una de las frases que más te suenen, escribirla en una nota adhesiva y guardarla en un lugar visible. Te invito a que pienses en grabar las afirmaciones y repetirlas para ti mismo cuando las necesites.

Antes de empezar esta meditación inhala profundo tres veces por la nariz y exhala por la boca.

En presencia del miedo,
haré espacio para la valentía.
En presencia de la duda,
haré espacio para la confianza en mí mismo.
En presencia de la prisa,

haré espacio para bajar el ritmo.
En presencia del agobio,
haré espacio para el descanso.
Cuando piense demasiado,
haré espacio para soltar.
En presencia del caos,
haré espacio para la paz interior.
En presencia de la confusión,
haré espacio para la claridad.
En presencia del dolor,
haré espacio para la autocompasión.

Ofrécete perdón a ti mismo

Odiarte a ti mismo no es terreno fértil para tu sanación. Tienes que perdonarte por lo que hiciste o no hiciste, lo que sabías o no sabías, mientras trabajas en tu pasado y en tu presente. Seguir siendo presa de tus errores no hará que el resultado que experimentaste sea diferente.

Perdonarse a uno mismo crea espacio para la expansión emocional. Cuando somos capaces de soltar y perdonarnos a nosotros mismos por las cosas que nos han causado dolor y sufrimiento o por los errores que hemos cometido, somos capaces de crear espacio para el crecimiento y podemos empezar a practicar ser más compasivos con nuestro yo pasado y presente. A su vez, por supuesto, podemos ofrecer esa misma compasión a otros. La sanación nos da la oportunidad de crecer de formas nuevas. El crecimiento es liberador, incluso cuando nos enfrentamos a cosas duras, decisiones difíciles y momentos desafiantes.

Perdonarnos a nosotros mismos no es una tarea fácil. Es complicado, sobre todo cuando metiste la pata, heriste a alguien o a ti mismo, o bien, crees que algo es tu culpa. Somos seres humanos con defectos, y tendremos que trabajar todo el tiempo en esta práctica de no atormentarnos emocionalmente ni maltratarnos por aquello que no podemos cambiar.

Conforme avanzas en este libro, comprende que perdonarte a ti mismo es la clave para todo tipo de perdón. Este es tu viaje único, y el perdón significará diferentes cosas a lo largo del camino a medida que desempacas tu trauma y observas tus puntos de dolor en la página.

Cuando me convertí en mamá, a los 18 años, mi situación emocional estaba muy deteriorada. Me odiaba a mí misma y estaba enfocada en destruirme. Pero después de tener a mi hija algo hizo clic en mi interior. Decidí cambiar para darle a mi hija la estabilidad emocional y el apoyo que yo nunca había tenido. Quería ser la mejor madre y la mejor mujer posible. Quería predicar con el ejemplo y moverme por la vida con amor.

Fue duro. Nadie me enseñó a vivir así; tuve que perderme por el camino y descubrirlo. Me costó mucho perdonarme a mí misma cuando empecé a madurar y a sanar. Conforme exploraba mi sanación en niveles más profundos, di muchos pasos en la dirección correcta, pero evitaba activamente perdonarme a mí misma. Lo sentía como demasiado grande, demasiado aterrador y algo de lo que no era digna. Incluso cuando trabajé para saber qué necesitaba sanar y qué comportamientos y pensamientos me llevaron a la maternidad adolescente, seguía siendo difícil perdonarme a mí misma. La terapia me ayudó. Llevar un diario fue una salida catártica para mí. Empecé a sanar de forma lenta, pero inexorable. Sin embargo, seguía tratando de evitar perdonarme a mí misma.

Esto me frenaba e impedía mi sanación.

Finalmente, a los 30 años, llegué a un punto de quiebre. Me sentía muy enojada y molesta por no valorarme a mí ni a mi cuerpo. Me sentía desolada por mi yo más joven y enojada con ella por no haber sabido hacer mejor las cosas. Incluso adopté el hábito dañino de culparme por los abusos que sufrí por parte de personas en las que confiaba. Un día me derrumbé. Ya no podía soportarlo más. Con los ojos llenos de lágrimas, me dije: "Lo siento mucho por todo. Te perdono por todo. Te amaré a pesar de todo". Ese día comenzó mi camino —crudo, desordenado y tierno— para perdonarme a mí misma.

Una de las montañas más altas que tuve que escalar fue la de aprender a perdonarme por los errores que había cometido en el pasado y por las elecciones y decisiones equivocadas que repetía una y otra vez. Al embarcarme en el viaje de perdonarme a mí misma aprendí que empezar de nuevo sería esencial; empezar de nuevo cuando lo necesitaba debía estar bien. No podría sanar por completo hasta comenzar a perdonarme de verdad.

Te invito a que te quites la armadura del odio a ti mismo. Eso no te protege de nada ni de nadie. No podemos comprometernos solo con partes del trabajo de sanación. Sanamos comprometiéndonos con todo el proceso: lo bueno, lo malo, lo vergonzoso, lo triste y lo glorioso. Vives contigo mismo todos los días; es importante que hagas espacio para perdonarte. Acompáñate en este trabajo. Paso a paso. Momento a momento.

Escribe en tu diario

Carta a ti mismo

Empezar de cero requiere autoperdón y en este ejercicio practicarás el perdonarte a ti mismo. Piensa en un momento importante de tu vida que aún requiera tu atención. Por ejemplo, mi carta de hace unos años se centraba en amar y perdonar a mi yo de 18 años. Tal vez fuiste demasiado duro contigo mismo por un error que cometiste. Tal vez hiciste algo de lo que te avergüenzas y no te has dado la gracia de olvidarlo.

Si eres humano, lo más probable es que hayas cometido errores y tomado malas decisiones. O tal vez te han herido o maltratado y te culpes por ello. Indaga a profundidad aquí y mira a ver qué sale a la superficie. Te animo a que seas vulnerable y lo abordes todo, desde tus fracasos hasta las cosas que no puedes y no pudiste controlar, pasando por tu capacidad para perdonarte a ti mismo. Permite que cada sentimiento surja, sea lo que sea. Sé franco, vulnerable y honesto, y luego concédete gracia, compasión y comprensión. Cierra la carta con la promesa de perdonar y amar todas las partes feas y tiernas de ti mismo, pase lo que pase.

Conversación

Apóyate en un amigo

Realizar este trabajo de sanación en solitario puede resultar abrumador y, a veces, desalentador. En esta práctica te conectarás con un amigo o familiar de confianza. A menudo nos apuramos a sugerirles a los demás que se perdonen a sí mismos, pero no somos capaces de practicarlo en nuestra propia vida. Pídele a un ser querido que comparta su experiencia de perdonarse a sí mismo y a los demás. Luego, correspóndele y comparte tus propias experiencias y pensamientos sobre el perdón. Algunas preguntas para iniciar la conversación podrían ser:

- ¿Qué no te has perdonado a ti mismo y por qué?
- Nombra una cosa que te gustaría dejar ir mientras sanas.
- ¿A quién necesitas perdonar para liberarte del rencor y del dolor?
- ¿Qué te has perdonado a ti mismo?
- ¿Qué es lo más difícil de la sanación y de perdonarte a ti mismo?

Haz espacio para los nuevos comienzos

La sanación requiere que tomemos la difícil decisión de empezar de nuevo y dejar atrás lo que creíamos saber. Decidir hacer las cosas de otra manera también nos reta a presentarnos y a hacer el trabajo que sea necesario. Solo veremos resultados cuando nos comprometamos con el trabajo que tenemos por delante.

Se habla mucho de la manifestación en el ámbito del bienestar, pero se habla muy poco de los pasos que debemos dar para que fructifique eso que deseamos. No podemos limitarnos a desear que las cosas existan. También debemos trabajar mientras esperamos. La sanación exige esfuerzo. No podemos tener un pie dentro y otro fuera. Tenemos que estar adentro por completo. ¿Por qué? Porque así es como sanamos todo nuestro ser, centrándonos en cada rincón de sufrimiento, dolor, alegría, gratitud y humanidad.

La manifestación requiere hacer espacio para lo que queremos que crezca en nuestra vida. No hay magia en la manifestación. Sí, podemos nombrar las cosas que queremos y escribirlas, crear un tablero de visión o grabar notas de voz. Ese primer paso de identificar lo que queremos es crucial. Sin embargo, hacer que nuestros anhelos fructifiquen también significa hacerles un espacio de forma intencional, y para eso tenemos que soltar. Debemos soltar para recibir.

Dejar ir es crucial para crear el espacio adecuado que necesitamos para recibir la claridad y las lecciones de la sanación. No hay forma de evitarlo. Si nos lo saltáramos, nos perderíamos información vital, como lo que necesitamos o no, o lo que queremos o no. En este viaje, cuando tomamos el camino largo nos conectamos cada vez más con nosotros mismos. Cada paso hacia la sanación, la transformación y la sostenibilidad emocional es un escalón hacia la siguiente fase de nuestro crecimiento.

Esta lección apareció en mi propia vida hace un par de años, cuando estaba inmersa en mi trabajo, enseñándole a la gente a escribir para sanar. Me encanta facilitar prácticas de meditación y respiración. La carrera que he construido para mí es mi sueño hecho realidad, hasta que dejó de serlo. Estaba teniendo el año más ocupado de mi vida, y no sabía cómo equilibrar o manejar emocionalmente el crecimiento.

Hacía todo lo posible por criar a mis hijos con intención, ser una esposa cariñosa y cultivar mis amistades, además de compaginar el trabajo de mis sueños. Pero estaba fracasando de manera estrepitosa. Mi ansiedad llegaba al máximo, la depresión me rondaba y me sentía perdida. Tenía un sueño recurrente en el que estaba atrapada en medio de la nada, sola y aterrorizada. No entendía qué me pasaba. Después de todo, manifesté esta vida de sanación profunda para ayudar a otros a hacer lo mismo. Recé por la paz interior para ver con claridad y usar mis dones para predicar con el ejemplo. Pero todo ese trabajo se iba deshaciendo porque mi salud mental estaba fuera de control.

Pedía, rezaba y deseaba un cambio, pero no hacía nada más allá de las palabras. No me responsabilizaba del papel que debía desempeñar para mejorar mi experiencia. Sabía que debía pedir ayuda y buscar un terapeuta. Quería empezar a usar las herramientas de atención plena que conocía, pero las sentía muy lejanas y fuera de mi alcance. Las cosas estaban tan mal que empecé a arrancarme el pelo de la cabeza —una afección llamada tricotilomanía— para encontrar alivio. Desde el final de mi adolescencia no lo había vuelto a hacer. Me sentía destrozada y me costaba mucho encontrar el camino de vuelta a casa.

Averiguar cómo volver a mí misma fue doloroso. Luché, lloré y con desesperación quise buscar nuevas formas de salir de mi pena y dolor porque no podía concebir tener que sanar desde cero otra vez. Mi terapeuta de entonces me dijo amablemente: "Ya lo sabes, Alex. Tienes las herramientas. A veces empezar de nuevo es la única manera de volver a levantarse". Después de esa sesión lloré y lloré hasta que se me terminaron las lágrimas. Y entonces decidí hacer lo más difícil: empezar de nuevo. Era hora de dejar de solo desear que las cosas mejoraran. Era momento de empezar a trabajar para mejorarlas.

Empecé haciendo una lista de lo que quería que fuera verdad, lo que había estado evitando y las medidas que debía tomar para empezar a sanar. Gracias a esa lista no solo descubrí mi verdad, sino que las cosas por fin empezaron a tener sentido.

Mi lista tenía cosas como:

Quiero sentirme *tranquila mentalmente.* **He estado evitando** *los medicamentos.* **Tengo que dejar** *de evitarla y preguntarle a mi médico cuáles son mis opciones.*

Quiero ser más feliz *con el lugar en el que estoy en la vida.* **He estado evitando** *mi práctica de gratitud últimamente.* **Necesito dejar** *de estar ausente y empezar a poner atención a la belleza que tengo delante.*

Escribir estas cosas me recordó que tengo el control de mi vida cuando soy honesta, abierta y libre de vergüenza en el proceso y conmigo misma. Practicar la atención plena cuando uno está muy ansioso o emocionado es todo un reto. Lo entiendo; he pasado por eso y siento empatía. Es incómodo redirigir nuestros pensamientos para iniciar el proceso de hacer espacio para los nuevos comienzos, pero ahí es donde aprendemos a ser nuestros mejores aliados.

Conforme sanamos, debemos ser realistas con nosotros mismos y comprometernos a soltar las cosas que no nos sirven. Si queremos sentirnos bien con nosotros mismos y nuestra vida, habrá personas, lugares, cosas y hábitos de los que deberemos desprendernos. No podemos limitarnos a pronunciar palabras de manifestación y afirmación con la esperanza de que se vuelvan realidad; debemos tomar medidas y llevar a cabo prácticas para lograrlo. Cuando dejamos de evitar enfrentarnos a nosotros mismos, empezamos a presentarnos de nuevas formas y, con suerte, trabajamos para construir la vida que queremos.

Respiración

Suelta para recibir

En esta práctica te conectarás con tu respiración mientras sueltas lo que no te sirve. Puedes hacerla en una sola sesión o dividirla, lo que te parezca mejor.

Te invito a ponerte en una postura cómoda en cualquier lugar que te haga sentir tranquilo. Puede ser en tu casa, en un parque, en tu cama o sobre el pasto.

Lee la práctica tres veces. Vuelve a este ejercicio de respiración tantas veces como lo necesites para sentirte arraigado, centrado y recordar que, para crecer, debes hacer espacio para soltar.

(Inhala por la nariz)
En este momento, suelto la incertidumbre para recibir paz mental.
(Exhala por la nariz)

(Inhala por la boca)
En este momento, libero la evasión para recibir claridad.
(Exhala por la boca)

(Inhala por la nariz)
En este momento, suelto la prisa para recibir la presencia de la paz.
(Exhala por la nariz)

Repítelo tres veces, lenta y constantemente.

La sanación, una respiración profunda cada vez
Glennon Doyle

Alex Elle: ¿Quién eres y a qué te dedicas?

Glennon Doyle: Esta pregunta debería ser fácil de responder, pero no lo parece cuando pienso en ella. Hace 10 años habría dicho: "Soy Glennon Doyle. Soy escritora, madre, mujer, cristiana y esposa". En los últimos 10 años ya no me resulta tan cómodo añadir algo después de *soy*. He perdido muchas de las identidades a las que antes me aferraba con fiereza. Ya no sé si me identifico como cristiana. Cada vez me identifico menos con el género. Ahora leo *Indomable* y pienso: "Vaya, qué interesante". Quizá escribí la palabra *mujer* 400 veces en ese libro. Años después, es difícil imaginar que me identifiqué tanto con la palabra *mujer*. En realidad, ya no sé lo que significa. De repente, el género me parece algo inventado. En cuanto a mi sexualidad, tampoco siento que me identifique con ser gay o lesbiana. Estuve casada con un hombre y estuve con hombres toda mi vida. Y luego, cuando tenía 40 años, me enamoré de Abby. Incluso con mi carrera como escritora, realmente no he escrito nada en tres años. Así que, mientras reflexiono, estoy bastante segura de que soy Glennon. Cada día me levanto e intento dar y recibir, y estar presente con todo el amor, cuidado e intención que puedo.

AE: ¿Por qué no has escrito nada últimamente?

GD: Creo que en la vida creativa hay un momento de salida en el que planto las semillas y hago lo necesario para lanzarlas al mundo. Y luego las cosas cambian, y siento que ya estoy en otro momento en el que ya no tengo nada más que dar. En mis tiempos libres empecé mi podcast con mi hermana y mi esposa. Y lo que he descubierto es que el podcast es mucho menos solitario que escribir. Para mí, escribir es muy solitario psicológica y mentalmente porque me siento ausente. Cuando pienso en todo lo que nos enseñan sobre la paz, la alegría y la lucha contra la ansiedad relacionadas con estar presente, me doy cuenta de que cuando escribo un libro no estoy presente. Simplemente estoy ausente. Incluso cuando estoy con mi familia, me siento como si todavía intentara averiguar cómo escribir bien un párrafo. No le pongo atención a nadie. Mis hijos se refieren a esto como "Mamá bajo el agua". Y cuando escucho la palabra "bajo el agua" intervengo y les digo: "Espera, estoy aquí". No le pongo atención a nadie porque estoy tratando de averiguar la próxima maldita cosa que voy a escribir.

Combinando eso con la sanación, escribir me obliga a tener actitudes que no siempre son las más saludables. Cuando reflexiono sobre mis historias compartidas y sobre cómo he presentado y escrito sobre mi familia —de lo que estoy orgullosa— me doy cuenta de que, como describe Hannah Gadsby, los he estado inmovilizando. Igual a como hacen los científicos con los insectos para estudiarlos. Conforme cambio y crezco, eso tiene mucho menos sentido para mí. Durante esta pausa en la escritura ya no sé si inmovilizarlos me parece lo correcto. Pensar en que mis hijos estén en mi presencia y se conviertan solo en una historia no se siente alineado con nuestra trayectoria.

Untamed fue una locura y tuvo mucha más atención de la que había visto antes, así que tal vez sea eso. Es interesante que tener toda esa atención siga sin ser la respuesta para vivir una vida plena. Ahora mismo mi principal objetivo es crear mi propia idea de lo que es suficiente.

AE: ¿Cómo se ha manifestado la sanación en tu vida?

GD: Lo que más influyó en mi proceso de sanación fue mi adicción. Solía pensar que estaba totalmente destruida porque me convertí en adicta cuando tenía 10 años.

Y cuando eso sucede, piensas que simplemente naciste mal. Pensaba que la sanación era algo que podía arreglar mis fallas de origen. En mi mente había una manera perfecta de ser, y yo no era así. Para mí, la sanación era más bien un arreglo. Intentaba llegar a la plenitud que creía que tenían los demás. Ya no me siento así para nada. No creo que ninguno de nosotros esté mal. Todos somos sensibles de formas distintas, y cosas distintas nos hacen daño. Tal vez la sanación no nos lleve de la ruptura a la reparación, sino de la soledad a la conexión o del miedo a la paz. Darme cuenta de esto cambió las cosas para mí. Lo que más me ha sanado es estar rodeada de gente honesta que habla con franqueza sobre lo difícil que es ser humano, no en plan "pobres de nosotros", sino con franqueza y sinceridad. La primera vez que encontré este tipo de honestidad fue en las reuniones de recuperación.

AE: ¿Hubo algo específico o en particular que determinara tu proceso de sanación?

GD: Recuerdo cuando estaba en la preparatoria y odiaba estar en la cafetería. Para mí era como *El señor de las moscas*. Por aquel entonces tenía una bulimia grave y entré en la oficina del orientador para pedirle ayuda porque ya no sabía cómo vivir. Al hacerlo empecé a comprender que hay entornos que funcionan para los demás y no para mí, y no tengo por qué permanecer en ellos. La forma en que funciona el mundo puede aplastar el espíritu de muchos de nosotros. Creemos que debemos seguir apareciendo en determinados entornos, y volviendo a tragarnos el dolor para seguir adelante. Y ese día aprendí que podía negarme a hacerlo. Una parte de mi sanación consiste en recordar que tengo la capacidad y la libertad de salir de los lugares que insultan mi alma.

AE: ¿Qué modalidades creativas has usado para sanarte?

GD: El yoga y la meditación me ayudan mucho. Cuando me siento realmente perdida por la ansiedad, los olores son muy importantes para mí: las velas y los aceites esenciales me ayudan mucho más de lo normal. El sonido, la música y el tacto también son sanadores. Estoy absolutamente obsesionada con la comodidad: ni siquiera puedo llevar jeans porque me aprietan.

AE: ¿Cómo te ayuda a recargarte el tomar un descanso del proceso de sanación?

GD: Lo bueno de haber tenido mis crisis mentales es que he aprendido que mi principal trabajo es seguir presente y no entrar en caos. Debo cuidarme y descansar mucho cada día para hacer esas dos cosas. Paso mucho tiempo reabasteciéndome de combustible y puedo ver la calidad de mi vida cuando me comprometo con mis prácticas espirituales y el descanso. Cuando me presento ante la gente se dan cuenta de lo atenta, arraigada y presente que estoy.

AE: ¿Cómo te sanas?

GD: Con una respiración profunda cada vez.

Glennon Doyle *es autora, activista y presentadora de podcasts.*

Identifica tus necesidades y nómbralas

Habrá momentos difíciles en tu práctica de sanación. La mayoría pueden estar relacionados con identificar cómo ser claro acerca de tus deseos y necesidades. A muchos no nos educaron para estar alineados y en sintonía con nosotros mismos. En cambio, con frecuencia nos enseñaron que ser desinteresados y poner las necesidades de los demás por encima de las nuestras es la forma de vivir una vida justa. Aunque cuidar y amar a quienes nos rodean es vital para la conexión humana, debe haber un equilibrio entre el cuidado de la comunidad y el cuidado de uno mismo. Estar ahí para los demás no significa abandonarte a ti mismo. Tú formas parte de la ecuación.

A lo largo de los años me he dado cuenta de que gran parte de mi sufrimiento provenía de abandonarme a mí misma, de límites difusos y de la negligencia emocional. Expresar mis necesidades me daba miedo y me resultaba extraño. Al crecer aprendí que el mayor sacrificio es sacrificarse por los demás y llamar a eso amor. Decir lo que uno necesita no es de buena educación ni bien recibido. Reaprender a cuidarme y a quererme me demostró que yo importaba y que las personas con las que me relacionaba necesitaban que yo me importara a mí misma.

En esta sección practicarás identificar lo que anhelas. Tal vez te sientas incómodo, pero intenta sentirte cómodo mientras te conviertes en una nueva versión de ti mismo.

Con el tiempo, tus necesidades y deseos cambiarán. Tus límites cambiarán. Cada ajuste es normal y debes enfrentarlo con compasión. Algunos días sabrás lo que quieres y lo que necesitas, y otros días tal vez no.

Practica la paciencia con el proceso, mientras descubres cosas y te descubres a ti mismo. Nada sucede de la noche a la mañana. Lo sabemos. Así que, conforme avanzas en este proceso de descubrir cosas sobre ti mismo en la página, agradécete por tu esfuerzo.

Esta práctica consiste en cultivar la confianza en ti mismo y en que eres tan valioso como cualquier otra persona de tu vida. No te limites a pasar por alto tu voluntad de estar presente. Vale la pena celebrarlo. Enfrentarse a uno mismo en la página no es fácil y, sin embargo, aquí estás, esforzándote al máximo. Perdona las partes de tu historia que te resulten difíciles de superar. Las palabras negativas te impedirán hacer brillar tu voz auténtica. Acércate a la página sin otra expectativa que la de ser sincero. Cada paso del proceso es esencial para el resultado final. Lleva a la página todo eso con lo que estés luchando. Si te parece que enfrentarte a tus deseos y necesidades es demasiado, razón de más para plasmarlo en tu diario.

Cuando des el siguiente paso en tu camino, recuerda que puedes expresar tus necesidades sin sentirte avergonzado ni culpable. Necesitar algo o a alguien no te convierte en necesitado. Olvida esa idea. Puedes recibir apoyo. Solo tenemos una vida y no podemos vivirla plenamente si nos callamos todo el tiempo. Hacerte pequeño no te salvará ni te hará sentir mejor contigo mismo ni con tu situación. Estar presente en la página es prometerte a ti mismo que dejarás de encogerte para encajar en la vida de los demás y en cajas que no te pertenecen.

Escribe en tu diario

Deseos y necesidades

En tu diario, haz dos listas separadas, una titulada "Deseo" y otra "Necesito". Fija un cronómetro para cinco minutos y rellena la columna "Deseo". A continuación, haz lo mismo con la columna "Necesito". Piensa qué lista te ha parecido más difícil, escríbela y reflexiona por qué. No pienses demasiado lo que estás escribiendo en la página. Escribe sin miedo y sin juzgar. Céntrate en lo que escribes. Tú puedes ser importante. Tus deseos y necesidades son importantes. Libérate del impulso de escribir lo que crees que suena bien. Muéstrate honesto y sincero.

Meditación

Tú vales

Esta práctica está diseñada para después de escribir tus "Deseos y necesidades". Siéntate y sintoniza con tu respiración. Empieza inhalando profundo por la nariz y exhalando con la boca abierta. Piensa en cómo te ha hecho sentir la práctica de escritura anterior e inhala la libertad que sientes al nombrar los deseos y las necesidades, aunque implique un reto para ti. Exhala cualquier pensamiento de desprecio hacia ti mismo y de no merecimiento. Sigue con la atención en tu respiración. Afloja la mandíbula, suaviza los hombros, respira. Lee las siguientes palabras en voz alta o mentalmente:

Puedo pedir lo que necesito.
Puedo vocalizar lo que deseo.
Merezco satisfacer mis necesidades.
Estoy abierto a recibir ayuda.
Puedo mostrarme como yo mismo.
Me abro a crecer y sanar.

2
Vuélvete amigo de tu miedo

Conforme empezamos a pelar más capas para lograr una sanación más profunda, debemos replantearnos nuestra forma de ver el miedo y abordar nuestros puntos de dolor. Poner nuestro dolor sobre la página y encontrar formas de aliviarnos durante los momentos de ansiedad y estrés nos recuerda que debemos ir más despacio y estar plenamente presentes con nosotros mismos y nuestra ternura. Con frecuencia nos quedamos tan atrapados en el dolor que no podemos acceder a la compasión por nosotros mismos. No podemos sanar si seguimos siendo presas de lo que hicimos o dejamos de hacer. Este trabajo requiere aceptación y gracia por lo que no podemos cambiar. ¿Cómo avanzamos y crecemos a través de ello? Miramos nuestro miedo, dolor y tristeza y los enfrentamos sin contención ni juicio. Podemos hacernos responsables, sin castigarnos ni odiarnos si hicimos algo mal en el pasado o si actuamos fuera de lugar.

Lo mismo sucede con quienes sufrimos malos tratos en el pasado. Castigarnos por los males que sufrimos por parte de otras personas no nos servirá de nada. La sanación requiere que dejemos espacio para la comprensión, la amabilidad y la compasión. Sin importar cuál sea tu circunstancia, debes mirar las cosas que te han destrozado. No podemos ignorar nuestros traumas y dolor. Para empezar a repararnos debemos comprometernos a vernos a nosotros mismos con los ojos del amor y la dignidad. Esto sucederá y cambiará la trayectoria de nuestra vida solo cuando estemos preparados. No hay que apresurar el proceso. Cuando nos apuramos en la sanación nos perdemos cosas y corremos el riesgo de abandonarnos a nosotros mismos y a nuestra verdad.

Cuando tenía 10 años tuve una experiencia formativa con mi padre biológico, una experiencia que sembró en mí una semilla de temor que florecería en las décadas siguientes. Mi padre era una presencia intermitente en mi vida, y siempre que aparecía se producía el caos. Esa noche íbamos en su auto por la carretera interestatal 495, y él iba a toda velocidad y manejaba el volante del coche solo con las rodillas. "Papá, para, por favor", le dije, horrorizada. Él seguía acelerando y riéndose. Mi miedo y mi seguridad no significaban nada para él. "Papá, por favor, tengo miedo", le supliqué. Subió el volumen de la música y aceleró un poco más, usando las rodillas para manejar. "¡Para, por favor!", grité, metiendo la cabeza entre las piernas y rezando para que no chocáramos. Sentía que se me llenaban los ojos de lágrimas. No sabía qué estaba pasando ni por qué. Poco a poco se dio cuenta de que yo no me estaba divirtiendo, y pude sentir que redujo la velocidad.

"¡No íbamos a estrellarnos! Sé manejar", se burló. "¿No confías en mí?".

Más de dos décadas después sigo traumatizada por esa experiencia. Aparte de mi marido, rara vez permito que me lleven a algún lugar, ni siquiera las personas más cercanas a mí. Y cuando me llevan en coche el corazón me late con fuerza durante todo el viaje. Recordar esa experiencia provoca que me duela el estómago y me lloren los ojos.

Recuerdo que mi corazón se aceleró. Recuerdo que pensé que no quería volver a verlo. Recuerdo que sentí que era un hombre peligroso que no se preocupaba por mí. Recuerdo estar enojada con mi mamá por permitir que mi papá me llevara con él el fin de semana. Recuerdo estar muerta de miedo.

Después de esa experiencia, durante semanas y semanas pasaron muchas cosas por mi cabeza. No le conté a mi mamá porque mi papá me pidió que no lo hiciera. De niña, me convertí en la guardiana de los secretos y mentiras de mi padre, ya fuera porque puso en peligro mi vida en varias ocasiones o por las numerosas mujeres con las que lidiaba cuando iba a visitarlo. Siendo adulta y reflexionando sobre una de las muchas experiencias traumáticas que tuve con él, puedo ver con claridad dónde aprendí a tener miedo de las cosas, miedo de vivir.

Durante años no se lo dije a nadie, ni siquiera a mi marido. Ryan no entendía por qué estaba tan nerviosa cuando íbamos en el coche y no comprendía mi miedo tácito o mis sentimientos de inseguridad. Hasta que escribí al respecto luego de todos estos años, empecé a analizar y a procesar el profundo dolor que me causó esa experiencia. Mi marido me mostró compasión y amor cuando compartí este secreto con él. Prometió tenerlo en cuenta al manejar.

Ryan es un gran conductor y protector. De corazón abierto, me escuchó y me aseguró que nos mantendría a salvo a mí y a nuestros hijos, siempre. Me dio una sensación de seguridad y tranquilidad que no tuve esa noche en que mi padre y yo volábamos por la autopista.

Mi relación con mi padre biológico siguió siendo confusa y complicada por muchos años. Cuando cumplí 17 años dejé de comunicarme con él para protegerme de su constante comportamiento peligroso y traumatizante, tanto emocional como físicamente. No lo he vuelto a ver desde entonces. En esa época no lo sabía, pero ese acto de separación fue la primera vez que me elegí a mí misma. Fue la primera vez que dejé a un lado el miedo al rechazo, al desamor y a la vergüenza para decidir hacer lo mejor para mí. Tardé años en procesar el trauma paterno que había estado cargando. Escribir fue lo que me ayudó a procesar y separar mi dolor del suyo. Fue lo que me dio la bienvenida a estar triste, enojada, molesta y devastada por sentirme defraudada en todo momento. Pero también, escribir fue lo que me enseñó a encontrar la alegría en la sanación, la facilidad en el cambio y el perdón al soltar cosas que nunca me pertenecieron.

Nunca le conté a nadie sobre esa noche en el auto con mi padre porque no quería meterlo en problemas. No quería hacerle daño; ya era suficiente con que él me hiciera daño a mí. La mentira que me habían enseñado a tragarme era que yo no importaba. Eso me aterrorizaba. En la infancia aprendí a callarme y quedarme sentada. Aprendí a proteger con mi silencio a los adultos que me rodeaban, encogiéndome en mi asiento. Ignorar mis sentimientos era algo natural porque sentía que no existía. Abordar en la página este miedo secreto —a manejar, al peligro fuera de mi control— fue mi primer paso para recordar que ya no tenía por qué tener miedo. Que ya no era una niña pequeña con la cabeza metida entre las piernas suplicando que la mantuvieran a salvo. Reclamé mi poder acabando con el miedo, mirándolo, hablando sobre él y eligiendo ser su amiga. Entonces me sentí lo bastante liberada como para decir:

Querida yo:

Ahora estás a salvo. Ya no hay nada que temer. Yo te cuido.

Identifica tu miedo en la página

Por mucho que lo intentemos, no podemos ignorar nuestro dolor. Cuando se trata de sanar lo que nos duele, debemos mirarlo de frente y decirle: "Acércate". Identificar lo que nos duele y nos destruye es el primer paso. Comprometernos a plasmarlo, parte por parte, en las páginas de nuestros diarios es como aprendemos a mirarnos y a querernos a nosotros mismos. Escribir para sanar nos invita a empezar donde estamos. Ser imperfecto en esta práctica, no saber qué camino tomar, es como nos sentimos cómodos aprendiendo a lo largo del camino. Enfrentarnos a nuestro miedo y volvernos sus amigos es un proceso de ensayo y error. Será incómodo ver algunas cosas que has ocultado para funcionar y sentirte seguro. No siempre acertarás. No siempre vas a querer hacer este trabajo, y eso está bien. Perderte por el camino puede ser una parte fundamental de este proceso. Para la restauración es necesario tomar descansos conforme te abres paso hacia nuevos niveles de sanación. Mientras escribes las cosas, recuerda que es imposible obtener las respuestas que buscas si tienes prisa. Para hacer este trabajo debes ir más despacio. Debes tomarte tu tiempo y ser consciente.

Para profundizar en tu proceso de sanación, en esta sección responderás algunas preguntas a las que tal vez no quieras enfrentarte. Sé que es más fácil voltear la vista hacia otro lado, pero si no empezamos a ver las cosas que nos asustan de nosotros mismos, ¿cuándo podremos sanar y encontrar la liberación en dicha sanación? Al volverte amigo de tu miedo empiezas a encarnar la verdadera transformación.

Escribir para superar tus miedos es un proceso de ensayo y error. Tal vez un día estés muy metido en tu práctica de la escritura y sientas que estás llegando a la raíz de tu dolor. Las respuestas pueden estar justo frente a ti, haciéndote sentir que cada vez estás más cerca de encontrar la manera de reparar tu dolor. Y entonces te sorprendes a ti mismo en un bajón o te preguntas por qué estás tratando de averiguar todo esto. No te des por vencido. Todos los sentimientos, emociones y pensamientos son bienvenidos, considéralos tus ángeles de la guarda que te invitan a profundizar un poco más. Sé amable y gentil contigo mismo durante este proceso. Este trabajo del alma no tiene que ser bonito. Se supone que es un trabajo honesto, crudo, desordenado y auténtico. Recuerda esto mientras le das la bienvenida al miedo en tu espacio, mientras le extiendes una mano amiga, mientras te rindes, sabiendo que eres digno de la gracia. Sabes que puedes dar un paso atrás. Confía en que puedes encontrar tus respuestas paso a paso. Comprometerte de este modo con tu miedo abre un espacio para la compasión hacia ti mismo y la empatía.

Escribe en tu diario

¿De qué tienes miedo?

Ahora es momento de desentrañar qué te da miedo para que empieces a volverte amigo de tu miedo. Responde a las siguientes preguntas en tu diario:

¿Qué miedo ha surgido más estos días?

¿Cuál es tu primer recuerdo de ese miedo?

¿De qué manera ese miedo se interpone en tu sanación?

¿Cómo te sentirías si te volvieras amigo de ese miedo y lo convirtieras en parte de tu sanación?

Meditación

Siéntate con el miedo

Busca un lugar tranquilo y cómodo para sentarte. Cierra los ojos y piensa en lo que el miedo te ha enseñado sobre la sanación. ¿Huyes del miedo o le das la bienvenida? Mientras reflexionas, recuérdate a ti mismo que debes mantener un espacio intencionalmente seguro para lo que surja. Es fácil quedar atrapado en un torbellino de juicios y autocrítica. Es fácil cerrarse cuando surge el miedo. En esta práctica eso no te servirá ni te hará tener menos miedo hacia lo que estés abordando. Recuerda que no tienes que resolverlo todo hoy. La práctica de volverse amigo de nuestro miedo requiere tiempo y esfuerzo. Tómate las cosas con calma y resiste el impulso de precipitarte en el proceso de superar lo que puede darte miedo. Cuanto más realices esta práctica, menos miedo te darán tus miedos. Cuando le ponemos atención a nuestros miedos una y otra vez, empiezan a perder su poder.

Ve el dolor como un compañero

A veces la sanación que necesitamos es más dolorosa que lo que nos lastimó en un principio. Sé que puede parecer desalentador, pero te invito a acoger todas las emociones para florecer. Cambiar, sanar y crecer nos pone a prueba emocional y, a veces, físicamente. Y aunque puede parecer más fácil apartarse del camino y no molestarse en reparar las partes heridas y rotas de uno mismo, ¿de qué nos servirá eso a largo plazo? Quedarnos atorados en el dolor nos robará la alegría y nos dejará incapacitados y desesperanzados. Nos comprometemos a sanar haciendo las cosas difíciles, necesarias para generar una sensación de tranquilidad en nuestra vida.

Elegir abordar nuestra sanación de frente es un acto para nutrirnos a nosotros mismos; es una invitación a elegirte a ti mismo, incluso cuando las cosas duelen como el demonio. Estar abierto a la posibilidad de sanar es darle la bienvenida a la luz después de los días más oscuros. Algo que me sigue apoyando mientras me sano es ver mi dolor como un compañero y no como un enemigo.

Tardé años en cultivar este replanteamiento, pero me ha mostrado la dualidad de aceptar lo que es, lo que fue y lo que puedo y no puedo cambiar. El dolor puede ser una vía para el crecimiento.

Cuando me abrí a esa idea pude tranquilizarme y ver mi sufrimiento justo como era. Sin juicios. Sin adornos. Sin edulcorantes. La sanación no es única. Empezamos a evolucionar emocionalmente al permitir que el proceso fluya y refluya. No te servirá de nada intentar ser el sanador perfecto que escapa de las dificultades futuras. Es importante que aprendamos a mirar nuestra sanación a través de un lente neutral. Ya sé, es más fácil decirlo que hacerlo. Sin embargo, cuando exploramos esa práctica sin prejuicios, nos acercamos al hecho de que tal vez necesitemos sanar más de una vez.

Hace unos años me costó mucho trabajo procesar parte del dolor de mi infancia. Acababa de retomar la terapia y hablar de cosas que había reprimido me sumía en una espiral de emociones. Estaba convencida de que ya había hecho el trabajo de sanación en torno al trauma de mi infancia. Enfrentarlo de nuevo me parecía más destructivo que útil. En ese momento sentía que ya había hecho suficiente y no quería volver a ese oscuro lugar de abrir las heridas. Entonces me di cuenta de que la sanación, para mí, sería un proceso eterno. Que empezar de nuevo, y a veces desde cero, formaría parte de mi viaje. Aprender a lidiar con mi sanación de frente, cada vez que surgiera un detonante, me mostraría algo nuevo sobre mí misma, mi vida y mi viaje de sanación. No me malinterpretes, esto no fue divertido. Y, para ser sincera, era irritante. "¿Por qué tengo que sanar una y otra vez?", le preguntaba a mi terapeuta. Debía encontrar la respuesta por mí misma. No había nada que ella pudiera decir para darle sentido.

El camino hacia la claridad interior en torno a la sanación es profundamente personal. Una de las claves de mi sanación es descansar de forma intencional, es decir, darme un respiro. Me costó mucho trabajo no volverme adicta a la constante atracción de la superación personal. La sanación y la acción, para crear la vida que queremos, también requieren bajar el ritmo y descansar. Nuestra cultura alaba saber lo que hacemos y hacia dónde vamos. Muchos de nosotros nos sentimos perdidos y desorientados debido a este condicionamiento. Tratar de sanar tan rápido como podamos, y sin pausas emocionales, es destructivo. Muchos de nosotros no sanamos porque nos negamos a bajar el ritmo y a sentarnos con el dolor, la confusión y el caos que llevamos dentro.

Existe un significado profundo en las pausas intencionales que nos tomamos para mirarnos y estar con nosotros mismos.

Entiendo lo intimidante que esto es. He pasado por ahí. Sin embargo, en el descanso emocional podemos encontrar la sanación transformadora justo ante nosotros. Tenemos que desaprender el miedo que nos tenemos a nosotros mismos. Si nos negamos a encontrar la paz al hacer una pausa, romper ciclos y sanar nuestro corazón, nos seguiremos sintiendo lejos de la sanación. No te quedas atrás por elegir descansar como acto de sanación. Confía en tu conocimiento interior y en la llamada para ir más despacio.

Por mucho que deseara que la sanación fuera más fácil, las cosas son como son. A veces nos enojará y nos desanimará volver a lugares interiores que creíamos haber sanado ya. Esto puede hacer que surjan sentimientos de incertidumbre, pero no te dejes llevar por el retroceso. Cada paso hacia delante y hacia atrás es la manera de arraigarnos y aprender a encontrarnos de frente con nuestra sanación. En esos momentos encontramos una conexión más profunda con nosotros mismos y con el dolor que arrastramos. Ser un estudiante en este proceso de sanación es valioso. Comprométete a encontrar la paz en medio de las cosas difíciles y pesadas.

Conversación

Comparte tu miedo

Cuando hablamos de nuestros miedos en voz alta y compartimos las historias que hay detrás de nuestro dolor, podemos reducir el poder que estas tienen en nuestra vida. Conforme conozcas mejor tu miedo, acércate a un ser querido de confianza para compartir tu verdad. Luego pregúntale si tiene algún miedo que quiera compartir contigo. Considéralo un ejercicio de confianza, comunidad y honestidad. Cuando hacemos espacio para escuchar, creamos un entorno seguro para compartir abiertamente con los demás. Este ejercicio puede parecer grande y aterrador, pero cuando la vulnerabilidad surge en presencia de la compasión, la empatía y el cuidado, resulta más fácil mirar lo que nos asusta e inclinarnos más cerca para ver lo que eso trata de enseñarnos.

Escribe en tu diario

La dualidad de la sanación y el dolor

El dolor y la sanación van de la mano, y verlos como compañeros en nuestro proceso nos permite reconocer cómo trabajan juntos para ayudarnos a crecer.

En este ejercicio de escritura te invito a identificar la dualidad de tu sanación y tu dolor. En tu diario, dibuja un diagrama de Venn utilizando dos círculos superpuestos, uno etiquetado como "Dolor" y el otro como "Sanación". Rellena cada uno de los círculos y su espacio superpuesto con las palabras que cada uno te provoque.

Puede ser intimidante tratar de averiguar dónde colocar las palabras, pero mi consejo es que no pienses demasiado y te limites a escribir. Es útil empezar con una lluvia de ideas. Pon las cosas donde quieras, sin demasiada intención ni reflexión. Y luego, conforme vayas escribiendo, puedes volver atrás y cambiar las palabras de lugar. Puedes tachar cosas, borrarlas o incluso poner una palabra en las tres secciones. No hay una forma correcta o incorrecta de empezar. Solo tienes que hacerlo.

Aquí tienes un ejemplo de este ejercicio en mi diario. Siéntete libre de extraer de él cualquier palabra que resuene contigo.

LA SANACIÓN PUEDE SENTIRSE COMO

- alivio
- alegría
- paz
- plenitud
- realización
- amor
- libertad
- comprensión
- compromiso
- límites
- unidad
- elegirte a ti mismo
- aceptación

LOS DOS PUEDEN SENTIRSE COMO

- lecciones
- nuevos comienzos
- crecimiento
- un viaje
- un mito
- una aventura
- un reto
- autodescubrimiento

EL DOLOR SE PUEDE SENTIR COMO

- dolor
- culpa
- pérdida
- trauma no resuelto
- corazón roto
- depresión
- conflicto con tus seres queridos
- rechazo
- lesión física
- ansiedad
- vergüenza
- odio a ti mismo
- diálogo interno negativo

Haz espacio para la sanación
Megan Rapinoe

Soy una persona muy apasionada. Crecí en una gran familia, así que me encanta tener gente a mi alrededor. Mi familia es de las que ayuda a cualquiera. Cualquiera de ellos se quitaría la camisa para dártela si tú la necesitas. Yo también intento ser así.

Me encanta tener sentido del humor. Estoy segura de que el desprecio que expreso hacia mí misma, unido a mi humor, es la forma en la que enfrento ciertas cosas, pero la risa es una parte importante de mi vida y de mi forma de conectar. Hago todo lo que puedo para vivir según el principio de que solo tenemos una vida y debemos aprovechar el tiempo que pasamos aquí.

Casi toda mi infancia fue maravillosa. Pero cuando pienso en la sanación que he hecho, a menudo la relaciono con la adicción a las drogas de mi hermano mayor. Algo que siempre permanecía en el trasfondo era su lucha. Su adicción empezó cuando él tenía 15 años y, por eso, ha estado entrando y saliendo del sistema de justicia penal la mayor parte de su vida. Recuerdo que yo tenía 10 años e intentaba entender lo que pasaba. Entendía parte de lo que sucedía, pero también tenía muchas incógnitas. Cualquiera que tenga un familiar con problemas de adicción sabe que eso conlleva ciertas cosas: mucho dolor, sufrimiento y confusión.

Algo que me ha ayudado a sanar a lo largo de los años es lo abierta y sincera que ha sido siempre mi familia sobre la adicción de mi hermano. Nunca nos ocultaron nada a mi hermana y a mí. Nunca nos hicieron sentir avergonzadas por su adicción. Todos hacíamos lo mejor que podíamos para enfrentar y procesar lo que estábamos pasando.

Mis padres nos animaron a comunicarnos abiertamente y a encontrar personas que pudieran apoyarnos. Nunca fingieron que la adicción no existía, ni siquiera cuando no estaban seguros de cómo manejarla. Su capacidad y su decisión de ser transparentes y vulnerables marcó una gran diferencia. Disiparon la vergüenza, el secretismo y el estigma que tantas personas acaban arrastrando cuando enfrentan una adicción.

No siempre fue fácil. Hubo momentos en los que tuve problemas y debí resolverlos por mi cuenta. Procesar las cosas en mi propio tiempo me ayudó a aprender más sobre la adicción y el sistema de justicia penal. También me enseñó a ser mucho más empática y a sanar algunas cosas que me dañaron cuando era más joven. Estaba muy confundida sobre por qué estaba pasando eso y me preguntaba por qué nos hacía daño. Cuando llegué a un lugar de aceptación, comprensión y empatía, muchas cosas se volvieron evidentes para mí. Hablar de todo lo que enfrentábamos hizo espacio para esas preguntas y abrió un lugar para la sanación.

No apartar mi dolor y mi tristeza me permitió sentir todas mis emociones y eso me ayudó a comprender que la adicción no es una elección que todo el mundo hace cada día. Conforme maduraba, me di cuenta de que mi hermano no se despertó un día *queriendo* eso para sí mismo. Él no disfrutaba una vida que giraba en torno a hacerme daño a mí y a todos los que nos rodeaban. La adicción es una enfermedad. Darme cuenta de esto me permitió abordar mi sanación de frente. Estaba siendo llamada a pensar en su adicción desde su perspectiva. Entonces pude pensar en cómo afectaba a toda la familia y cómo podíamos apoyarlo siendo empáticos y estableciendo límites.

Pasé por toda una gama de emociones a la hora de aceptar qué y cómo eran las cosas. Un aprendizaje clave fue sentirme bien sabiendo que no puedo cambiar a nadie ni obligarlo a hacer algo que no quiere. Vivir esta experiencia tan real y emocionalmente complicada me mostró las posibilidades de sanar como individuo y como una unidad. No nos escondíamos ni nos avergonzábamos. Estábamos haciendo todo lo posible, de forma activa y colectiva, para sanar y estar en sintonía con nuestras emociones con respecto a las luchas internas de nuestro ser querido.

Agradezco que no nos ocultaran la adicción de mi hermano. Salió a la luz y la abordamos en familia. Incluso cuando era joven, no creo que mantenerlo en secreto nos hubiera ayudado a ninguno de nosotros. Los secretos y la vergüenza te impiden seguir adelante. Te impiden ver las cosas desde otras perspectivas.

Como atleta profesional, he aprendido mucho sobre cómo equilibrar mi salud emocional y física a lo largo de los años. Cuando miro hacia atrás y analizo mi vida profesional y personal, me doy cuenta de la importancia de ver las cosas desde distintos puntos de vista. Al haberme enfrentado a la adicción de mi hermano durante tantos años, me volví experta en ver las cosas de la vida desde todos los ángulos. En 2020, durante la pandemia, empecé a intentar hacer menos cosas, pero hacerlas mejor, y no dispersarme demasiado. Aunque a veces me resulte difícil, no hacer nada puede ser lo mejor.

Aprendí a estar bien sin tener nada que hacer algunos días. Creo que ese también fue un punto de sanación para mí. Darme permiso para estar en casa sin planes y con un buen libro me enseñó a bajar el ritmo. Empecé a relajarme de forma intencional. No hacer nada y tener mucho más tiempo para mí me demostró que necesitaba justamente eso. Sentarme con mis pensamientos es el descanso que necesito. Me encanta la gente, soy muy sociable y me gusta trabajar. Así que hacer una pausa no es mi primera opción, pero sé que es necesaria y útil a largo plazo.

Recordarme a mí misma que trabajar en exceso no es el objetivo de la vida me devuelve al momento presente. Al reflexionar sobre el papel que desempeña la sanación en mi vida siento que sano estando en casa con mi novia, dedicándome tiempo solo para mí como objetivo global. Sano viendo a amigos y familiares; conectar con ellos me llena de energía. Las conexiones y relaciones significativas me muestran que me ven como mi yo auténtico, lo que me devuelve la vida. Sin importar por lo que haya pasado o transitado, ya sea la adicción de mi hermano o intentar encontrar el equilibrio para cuidar de mí misma, me recuerdan que muchas cosas suceden a mi alrededor. Yo no soy lo más importante, lo que me hace sentir con los pies en la tierra y consciente de la vida en su conjunto.

Megan Rapinoe *es jugadora de futbol profesional y capitana de la selección nacional de Estados Unidos.*

Cultiva la conversación positiva contigo mismo

Cuando trabajamos para volvernos amigos de nuestro miedo debemos equilibrar ese trabajo con una afirmación positiva. Las afirmaciones —frases positivas y edificantes que puedes repetir en voz alta o en la mente— desempeñan un papel fundamental en mi trabajo y en mi vida. Creo firmemente en la importancia de ser amables con nosotros mismos, sobre todo cuando estamos en lo más bajo de nuestra vida. La forma en que nos tratamos y nos hablamos a nosotros mismos es más importante de lo que pensamos. Hablarnos en positivo es esencial para cambiar nuestro comportamiento, cultivar la compasión por uno mismo y ser más amables, más pacientes y menos críticos.

Mientras crecemos tendemos a aprender mucho de lo que nos decimos a nosotros mismos, tanto lo bueno como lo no tan bueno, incluso antes de ser capaces de hacer, pensar y sentir por nosotros mismos. A veces lo que acabamos cargando emocionalmente ni siquiera es nuestro equipaje o nuestra verdad; es producto de las ideas y los pensamientos de otras personas. Las proyecciones externas pueden venir de quienes nos cuidan, y de entrenadores, profesores o amigos.

Puede ser muy revelador mirar atrás y analizar quién te enseñó a hablarte a ti mismo y a estar en el mundo. También puede darte un empujón para avanzar y evolucionar para mejor. Hablar y actuar con afirmaciones positivas es una invitación a reclamar tu voz, tu verdad y tu poder sin buscar la validación de los demás. Por eso las afirmaciones son importantes para el crecimiento emocional y el bienestar mental. Nos invitan a mirar en nuestro interior y preguntarnos: ¿Quién soy? ¿Qué quiero? ¿Por qué soy valioso?

Me encanta enseñarle a la gente cómo usar las afirmaciones para generar acciones saludables en su vida. Pero con frecuencia las personas piensan que si escriben y dicen sus afirmaciones, estas simplemente se volverán realidad porque rezaron por ellas o las lanzaron al universo. Según mi experiencia, no funciona así. Darles vida a nuestras afirmaciones requiere algo más que soltarlas en tu diario para cosechar los beneficios. Ojalá fuera tan fácil.

Recuerda, las afirmaciones son solo el primer paso en una práctica de manifestación. Las afirmaciones sin acción te mantendrán estancado. Una y otra vez he escuchado a los viejos en mi vida decir: "La fe sin obras está muerta" (Santiago 2:26). Y es muy cierto. Así que, mientras hacemos este trabajo del alma, no podemos simplemente esperar y desear y tener fe en que nuestras afirmaciones se volverán realidad. Tenemos que trabajar por ello mientras lo esperamos.

Poner acción detrás de tus afirmaciones cambiará la forma en que ves tu capacidad para superar, perseverar y crecer a través de los tiempos difíciles que se presentan en la vida. Las afirmaciones respaldadas por la acción pueden cambiar el rumbo de tu vida para mejor. ¿Cómo? Usándolas para descubrir tus *porqués* y *cómos* personales. Cuando se abordan con honestidad y sin juzgar, las afirmaciones pueden ser una forma de nutrirte. Para callar a tu crítico interior y aprender a silenciar las afirmaciones negativas, deberás tener curiosidad por ti mismo, por las palabras que utilizas y por la vida emocionalmente sana que dices que quieres crear. Esto siempre es un reto, pero me gustaría normalizar el hecho de mirar nuestros retos en la vida como si fueran maestros. Enfrentarnos a nuestros retos es un proceso que nos brinda tranquilidad y gratitud.

Es importante tener en cuenta que cada día podemos ser una versión ligeramente diferente de nosotros mismos. Si tus afirmaciones cambian cada día, no pasa nada. Estás evolucionando, y la evolución no es una práctica lineal. No te aferres a la perfección. Los defectos son bienvenidos. Encuentra la fluidez y acepta ser una obra en progreso constante.

Conforme te presentes ante las páginas de tu diario se te exigirá y se te pondrá a prueba a cada paso para que peles tus capas y llegues a la raíz de tu verdad. Mantener el compromiso con la compasión por ti mismo te permitirá profundizar en tu mejor yo, así como en la persona que necesitabas al crecer. Permite que tu práctica de las afirmaciones reconforte al niño que llevas dentro. Las afirmaciones te dan el espacio para guiar a tu yo más joven y cambiar la narrativa de tu vida. Y, aunque literalmente no podemos volver atrás y cambiar el pasado, podemos empezar a sanar algunas de nuestras heridas emocionales invitándonos a nosotros mismos a ser el espacio seguro que necesitamos.

Escribe en tu diario

Crea tus propias afirmaciones

La autoindagación es vital para descubrir quiénes somos, qué queremos y cómo necesitamos crecer. En esta práctica tus afirmaciones provendrán de una serie específica de preguntas que quiero que respondas de forma abierta y honesta. Cuando respondas a estas preguntas del diario usa afirmaciones positivas del tipo "yo soy", aunque estén redirigidas. El objetivo es recentrarte y construir una práctica de conversación positiva contigo mismo, incluso durante experiencias adversas o desafiantes. Los pensamientos que se exponen a continuación son preguntas básicas de nivel micro que te ayudarán a identificar quién eres, qué quieres y a qué aspiras mientras sanas.

¿Quién soy hoy?

¿Cómo estoy cambiando?

¿Cómo ejerzo la autoestima?

¿Cómo aprendo a confiar en mí mismo?

Mira los ejemplos que siguen.

PREGUNTA: ¿Quién soy hoy?

RESPUESTA: Soy una persona que está sanando y aprendiendo a convertirse en la mejor versión de sí misma.

P: ¿Cómo estoy cambiando?

R: Estoy cambiando mi forma de hablarme a mí misma bajo presión. Estoy practicando más la autocompasión y la paciencia.

P: ¿Cómo ejerzo la autoestima?

R: Estoy empezando a corresponder más a mis palabras y a mis actos, sin conformarme en los momentos de incertidumbre.

P: ¿Cómo aprendo a confiar en mí misma?

R: Estoy aprendiendo a confiar en mí misma soltando el control y explorando los distintos caminos que se me presentan.

Cuando hayas terminado este ejercicio tendrás una lista de tus propias afirmaciones "yo soy" a las que podrás volver una y otra vez. Pronuncia estas poderosas afirmaciones en voz alta cuando te enfrentes a tus miedos o cuando sientas que el dolor del viaje de la vida es abrumador.

Meditación

Cultiva la autoestima ante el miedo

Para esta práctica de meditación te invito a que te sientes en silencio, sintonices con tu respiración y leas lentamente el siguiente guion. Una vez terminada cada frase, haz una pausa e inhala profundo y despacio, luego exhala largo y con intención, llenando el vientre al inhalar y vaciándolo al exhalar. Leer con atención esta práctica de meditación te dará tiempo y espacio para asimilar e interiorizar estas palabras. No te preocupes demasiado por creer todo como tu verdad hoy. Al contrario, cada frase puede ser un trabajo en progreso para ti. Acoge la posibilidad de que estas palabras sean verdad mientras sanas, te transformas y creces.

> *Confío en que soy valioso. Me mantengo en mi autoestima, sin dejarme vencer por las dudas y los discursos negativos. Estoy descubriendo más confianza, valentía y sentido en mi vida. Me presento fielmente para cuidar de mí mismo. Me apoyaré en la creencia de que soy merecedor de relaciones y experiencias buenas, sanas e íntegras. Creer que soy valioso no siempre es fácil. Aun así, me comprometo a dar lo mejor de mí y a ser un trabajo en progreso. Incluso cuando la vida es incómoda y desafiante, me comprometo a mantenerme cerca de mi valor mientras me muevo por el mundo. Confío en que la autoestima me permite vivir una vida plena, repleta de relaciones sanas y afectuosas y de experiencias gratificantes.*

Conservar la alegría
Nedra Glover Tawwab

Alex Elle: ¿Quién eres y a qué te dedicas?

Nedra Glover Tawwab: Siento que soy tantas cosas para tanta gente, incluyéndome a mí misma. Y siempre es muy difícil dar con una buena respuesta a esta pregunta porque cambio todo el tiempo. Ser terapeuta es parte de lo que soy. También soy madre y compañera. Soy amiga, hija, prima y jardinera. Soy tantas cosas diferentes en diferentes capacidades, y estoy cambiando y evolucionando constantemente conforme pasa el tiempo.

AE: ¿Cómo se ha manifestado la sanación en tu vida, y hubo algo específico o en particular que diera forma a tu proceso de sanación?

NGT: Muchas cosas me han marcado a lo largo del camino, y creo que ni siquiera sabemos que necesitamos sanar hasta que algo nos lo provoca. Ese desencadenante es lo que inicia el viaje de la verdadera sanación. Cuando me convertí en madre se abrió un espacio para evaluar más profundamente mi relación con mi propia madre. Pensaba que ya había hecho gran parte del trabajo de sanación, hasta que me embaracé. El embarazo exige muchos sacrificios y desaprendizajes. Fue un proceso muy interesante de aprendizaje de la práctica de la gracia. Es difícil ser madre sin concederse gracia. El embarazo y la maternidad me abrieron y me permitieron descubrir cómo dar a mis padres la misma gracia que había empezado a darme a mí misma. Nuestras situaciones eran muy diferentes. Mi madre era madre soltera y yo no. Así que me di cuenta de que tenía que agradecer el privilegio de tener una pareja que me ayudara a criar a mis hijos y de que no tenerla, en el caso de mi madre, puede influir en tu experiencia como madre y en cómo crías a tus hijos.

AE: ¿Qué acontecimientos de tu vida te han influido más para sanar?

NGT: Como terapeuta, siento que estoy sanando todo el tiempo porque siempre surgen cosas que tengo que atender y que ni siquiera sabía. Es como: *Oye, hay algo nuevo que necesita tu atención*. Gran parte del trabajo que tengo que hacer todavía se está descubriendo. Conozco las cosas grandes, pero creo que también hay muchas pequeñas cosas que son importantes. Se desarrollan constantemente conforme surgen situaciones en nuestra vida. Tal vez no sepas que tienes un problema con el duelo hasta que debes enfrentarlo. No sabes que tienes un problema con la mayoría de las cosas hasta que estás en esa posición y te enfrentas a algo que las detona, y entonces piensas: *Ay, guau, estoy impactada por esto*.

Al sentarme con personas que atraviesan distintas etapas de su vida he aprendido que todos somos muy humanos y estamos conectados. Sentimos que experimentamos cosas muy diferentes de las que experimentan quienes nos rodean. Y las cosas pueden presentarse de diversas formas: el duelo es el duelo, el dolor es el dolor, el trauma es el trauma. Puede ser un trauma por accidente o un trauma porque papá me dejó, pero el resultado final sigue siendo ese trauma. Cuando escucho a la gente hablar de distintos temas me doy cuenta de que muchas de las cosas de las que hablamos se pueden relacionar. Esto se debe a que los sentimientos básicos de tristeza, dolor y pena están ahí. Además, me ayuda a darme cuenta de lo complicados que somos y de lo conectados que estamos. Somos resistentes. Crecemos todo el tiempo y siempre hay algo a partir de lo cual debemos madurar y sobre lo que tenemos que hablar. Es un proceso tremendo.

Creo que lo más impactante que veo es cuando los adultos hablan de la infancia. Escuchar a la gente hablar de su infancia me da el privilegio de ser la madre que mis hijos necesitarían. Escucho a estos niños adultos hablar de su educación. Pienso que yo soy una niña adulta. Me siento agradecida por estar en una posición hermosa para crear algo diferente porque constantemente escucho a los adultos y pienso en mis propios problemas.

AE: ¿Qué modalidades creativas has usado para sanar?

NGT: Me dedico a la jardinería. A lo largo de los años he aprendido que la jardinería te enseña mucho sobre cómo fluir: que todo tiene una estación y un ciclo. No se puede cultivar cuando uno quiere. Hay que esperar a que la tierra sea fértil. Hay que esperar a que llegue el momento de cultivar algo. No puedes plantar tomates a -10 grados. Simplemente no puedes hacerlo. No puedo enojarme porque otras personas en el mundo pueden cultivar tomates cuando yo no puedo; es decir, podría enojarme, pero he decidido no hacerlo. La jardinería nos recuerda que quizá no sea el momento o la estación para nosotros, pero que habrá un momento y tenemos que esperarlo. Mirar las cosas a través de este lente muestra mucho sobre quiénes somos como humanos y la importancia de practicar la paciencia. Porque cuando queremos algo y no es nuestro momento o temporada debemos esperar. La jardinería es un gran maestro en lo que se refiere a la aceptación, la sanación y la creatividad con lo que tenemos. Nos enseña a conservar la bondad de las cosas y a preservar la alegría que tenemos en nuestra vida.

AE: ¿Cómo te ayuda a recargarte el tomar un descanso del proceso de sanación?

NGT: Para mí, esto se remonta al embarazo. Antes de tener hijos me esforzaba demasiado en relaciones poco saludables. Tener hijos me hizo darme cuenta de la energía que desprendía. Ya no me parecía apropiado regalar esa energía. Eliminé muchas cosas que drenaban mi energía porque necesitaba preservarla para la gente de mi hogar. Mirando hacia atrás, el descanso emocional me ayudó porque me di cuenta de que podía hacer *cualquier cosa* que quisiera, pero no podía hacer *todo* lo que quisiera. Debía tener claro que estaba haciendo un poco de todo. Quería trabajar con más intención sobre la salud de mis relaciones y no solo tenerlas. Puedes ser un coleccionista de relaciones y tener muchas cosas sucediendo en tu vida, o puedes tener relaciones de calidad. Hace unos ocho años pasé de tener una mayor cantidad de relaciones a tener relaciones de mayor calidad. El descanso emocional y los límites me dieron el espacio para tener claro lo que quería y necesitaba.

AE: ¿Cómo te sanas?

NGT: Me sano escribiendo. Me sano relacionándome con la gente. Me sano centrándome en mi relación conmigo misma y ayudando a otras personas a sanar.

Nedra Glover Tawwab *es terapeuta, autora y experta en relaciones.*

Ámate a ti mismo, un día a la vez

Hoy en día se habla mucho del "amor propio". La gente dice la frase a la ligera. Pero el amor propio no es una moda ni un truco. Cuando empecé mi camino hacia el amor propio recuerdo que se hablaba de él de una forma muy caprichosa. Me parecía que nunca lo alcanzaría porque las imágenes de amor propio que veía me parecían inalcanzables. Eso cambió con los años y empecé a ver el amor hacia mí misma como una práctica. A veces esa práctica es desordenada y complicada; otras veces es fácil y relajada. Creo firmemente que el acto de amarnos a nosotros mismos es sagrado y requiere que lo practiquemos a diario. Apóyate en la idea de que es hidratante. Es una fuerza en nuestra vida. Un salvavidas, por así decirlo. Al fin y al cabo vivimos y morimos con nosotros mismos. Crear un mundo interior amoroso es monumental. Mientras trabajas en esta sección del libro me gustaría que recordaras esta afirmación guía y la escribieras:

Merezco mi propio amor.
El amor propio es una pendiente constante.

Ten paciencia y sé indulgente contigo mismo. Odiarte por no haber aprendido a quererte no te llevará a tu objetivo final. Como con todo, este viaje sanador del amor propio fluirá y refluirá. El amor propio es una práctica reparadora. Debe serlo. Reestructurar nuestras ideas sobre lo que significa tener una relación segura y de apoyo con nosotros mismos es realmente un momento de enseñanza. Con paciencia y gracia, he descubierto que el amor que siento por mí misma mejora con el tiempo, conforme me recupero.

Todo va de la mano en este viaje. Puedes estar contigo mismo sin pedir disculpas. Te vas a quedar corto mientras haces este trabajo. Recuerda que la perfección no es bienvenida aquí. Los defectos nos muestran quiénes somos y dónde hay espacio para conocernos con más claridad. Muchos medimos dónde estamos hoy en función de nuestro pasado. Si tu pasado te sirvió para algo o te provocó dificultades, no determina tu valía. Eres merecedor de cosas buenas y de amor propio, sin importar lo que hayas vivido en el pasado. Libérate de la necesidad de ser rehén de algo que no puedes cambiar. ¿Cómo te amarás a ti mismo en lo malo y en lo bueno? Las dos cosas merecen toda tu atención.

Me di cuenta de que el amor propio me resultaba ajeno cuando fui a terapia por primera vez. Mi terapeuta me preguntó: "¿Qué te gusta de ti misma?". Me dio un trozo de papel, puso un cronómetro de 10 minutos y me dijo que hiciera una lista. Me empezaron a sudar las palmas de las manos, se me secó la garganta y me sentí totalmente fuera de mi zona de confort. No sabía cómo responder a esa pregunta. Lo que me parecía todavía más devastador era que yo no podía recordar haberme sentido verdaderamente querida por otras personas. Mi madre no era cariñosa ni me reafirmaba cuando yo era pequeña. Debido a los factores de estrés que se cernían sobre su vida, la mayor parte de lo que veía y sentía de ella era furia. Mi padre biológico entraba y salía de mi vida y siempre que estaba cerca era sumamente dañino. Durante la mayor parte de mi vida, hasta los 23 años, busqué el amor fuera de mí porque sentía que las personas que se suponía que más debían quererme no lo hacían.

No tenía ejemplos que seguir. La página en blanco que veía parecía cada vez más en blanco. Me ardían los ojos. Se me acababa el tiempo. Mi terapeuta me miró sin juzgarme mientras yo me daba golpecitos con la pluma en la frente. La miré y me encogí de hombros.

"No tengo respuesta para esto", le dije, totalmente derrotada.

Fueron los 10 minutos más largos de mi vida. La pregunta reveló parte de mi dolor más profundo. Nunca había visto cómo se demostraba el amor a uno mismo o a los demás. Era extraño.

En la escuela no me enseñaron a quererme a mí misma, y en mi casa no aprendí la importancia de quererme. En todo caso, conecté con el odio hacia mí misma. Sabía que estaba condenada.

"Está bien, Alex. No todo está perdido. Estoy orgullosa de que hayas pensado en eso, aunque no haya surgido nada", dijo con compasión.

Parpadeé, asombrada por su amabilidad y un poco asustada porque sabía que tendría muchas tareas después de aquella cita.

Incluso cuando no sabemos por dónde empezar, tenemos que empezar por algún sitio. Las tareas de mi terapeuta fueron hacer una lista de lo que yo *quería* amar de mí misma. Esto me resultó más fácil que el ejercicio inicial. Había muchas cosas que quería amar, y anotarlas fue para mí un paso en la dirección correcta.

Escribe en tu diario

Escalones del amor propio

Este ejercicio es uno de mis favoritos. Es una invitación a observar cómo y qué necesitas para amarte a ti mismo, paso a paso. Piensa en los pasos saludables que te gustaría crear o en los rituales que te gustaría empezar para cultivar una relación de amor más profunda contigo mismo.

Cuando nos permitimos sentirnos cómodos con el desconocimiento y estamos abiertos a descubrir los pasos que nos gustaría dar para aprender lo que queremos, la práctica empieza a ser menos intimidatoria y más empoderadora. No tienes por qué saber hoy todas las formas de quererte a ti mismo. Algunos leerán esto y lo verán como algo fácil y otros se sentirán inseguros. Hay espacio para todos. Una vez que hayas creado tus propios escalones, puedes volver a ellos para profundizar en tu práctica de amor hacia ti mismo. Mis escalones están abajo como ejemplo.

3
Reclama tu poder

Una vez que tenemos las herramientas para empezar de cero y enfrentarnos a nuestros miedos, estamos listos para reclamar nuestro poder. Escribir mi diario me permitió reescribir mi historia. Me mostró exactamente lo que tenía que cambiar y dejar ir. Todo lo que necesitaba aprender aparecía de forma vívida en las páginas de mi diario. Cuando aprendí a escribir para sanar me di cuenta de que ya no podía esconderme de mí misma.

Pasé años atrapada en una narrativa vieja y cansada, evitando mi dolor y mi vergüenza, hasta el punto de que empezó a enfermarme. Mi ansiedad se disparó, mi depresión me agarraba todos los días y no sabía cómo sanar mi corazón roto. Estaba enojada. Sentía que la vida me había jugado una mala broma y que debía arreglármelas sola. De pronto la terapia ya no me ayudaba tanto como antes. Sentía que repetía mi trauma una y otra vez sin obtener las nuevas herramientas que necesitaba para tomar las riendas de mi vida. No sabía qué más hacer, salvo escribir. Un día tomé mi diario y escribí las preguntas: "¿Qué te duele? ¿Dónde sientes más dolor? ¿Cómo quieres sentirte?". Las compuertas se abrieron e hice una lista de todo lo que me dolía y anhelaba ser atendido.

Estamos destinados a caminar en nuestra verdad y propósito. Pero nadie nos enseña a hacernos las preguntas difíciles.

Nos animan a buscar las respuestas fuera de nosotros mismos. Ve a terapia y el terapeuta te sanará. Acude a Dios y tus plegarias serán escuchadas. Medita y las respuestas llegarán. Ve a todas partes menos a tu interior para encontrar tus respuestas. El apoyo externo es importante y necesario, pero es un paso en la dirección de la sanación, no el final del camino. Solo tú puedes liberarte.

Recuperar mi poder cuando empecé a sanar y a conocerme significaba dejar de encogerme y silenciar mi voz para consolar a los demás. Dejé de fingir que la ansiedad no me comía viva. Se acabaron las excusas por no tomarme en serio mi sanación. También significaba plantearme las preguntas para las que esperaba que otros tuvieran las respuestas. Los mejores maestros y gurús te dirán que no encontrarás lo que buscas si no sientes curiosidad por lo que quieres y necesitas. Recordar que tú eres tu mejor maestro tiene un valor incalculable.

Estaba cansada de vivir una historia dolorosa. No vivía una vida que me llenara, pero quería hacerlo. Sabía que debía cambiar. Estaba cansada de asfixiarme y de intentar ser todo para todos y nada para mí misma. Abandonarse a uno mismo no es un acto de amor. Es un signo de límites débiles y puede llevar al agotamiento y la autodestrucción.

Mis sesiones de terapia, meditación y oraciones no fueron suficientes para sostener el trabajo de sanación que dije que quería. Se quedaron cortas porque, después de desahogarme en la terapia, estaba sola. Porque después de la quietud en el zafu de meditación volvía a la rutina de la vida. Me faltaba atención e intención porque, en realidad, pensaba que yo no importaba y que mi dolor era demasiado fuerte como para sanarlo. No hacía el trabajo mientras esperaba que ocurriera el cambio porque pensaba que con el tiempo las cosas cambiarían.

Pero, como aprendí de primera mano, la sanación requiere dedicación y compromiso plenos. El tiempo no es lo que nos sana, sino la práctica de lo que aprendemos dentro y fuera del zafu, dentro y fuera de la silla del terapeuta. A través de mi práctica de la escritura recibí un empujón para identificar cómo quería presentarme y ser grande en mi vida. La escritura me reveló dónde debía actuar para recuperar mi poder. Tenía que comprometerme a convertirme en mi prioridad y dejar de abandonarme como un acto de amor hacia quienes me rodeaban.

Con frecuencia, cuando desempacamos nuestra maleta emocional y descubrimos el trauma, los hábitos no saludables, los límites rotos y los puntos de dolor que hemos ignorado, es demasiado abrumador. Es como si fuera mejor no deshacer la maleta. Muchas veces me he dado cuenta de que no tengo espacio mental para trabajar lo que traigo y he vuelto a meter el equipaje en la maleta. Mirar nuestro dolor lo hace real, y sé que puede resultar aterrador, pero la sanación empieza cuando tomamos la decisión de enfrentarnos a lo que más nos asusta.

Recuperar nuestro poder significa sostener nuestros miedos, dolores, esperanzas y sueños a la vez. Debemos aprender a darles la vuelta a las cosas que hemos rechazado. Esas cosas forman parte de nuestra historia, pero no son toda la historia. Somos más que eso. Este trabajo del alma no necesita que seamos fuertes, sino que nos inspira a estar abiertos a las posibilidades. Con frecuencia nos enseñan a aguantarnos, a enterrar el dolor para que no salga y a reprimir nuestros sentimientos, pensamientos y emociones.

Soltando esa forma malsana de enfrentarnos a nuestro dolor es como podemos empezar a desmantelar la idea de que debemos ser perfectos y enteros en todo momento.

La vida es un lío, y los seres humanos también. La sanación no requiere la perfección. Al contrario, te invita a dejar el dolor que llevas dentro, a darle espacio y a mirarlo poco a poco. Al hacerlo, empieza a surgir la alegría, la tranquilidad y el amor propio. Todo lleva su tiempo, sobre todo cuando vemos de cerca lo que nos duele, lo que no nos sirve y dónde necesitamos hábitos más saludables con nosotros mismos y los demás. Nos mantenemos firmes y reclamamos nuestro poder al recordar que todos merecemos ocupar un espacio intencional en esta vida. Conformarte ya no es la opción más segura. Mostrarte plenamente en tu sanación es lo que te liberará y dará comienzo al nuevo capítulo que estás buscando.

Descubre tu verdadera voz

Descubrir nuestra verdadera voz, sentimientos y deseos más profundos es nuestro derecho de nacimiento. Cuando aprendemos a conectar con esta voz identificamos mejor en qué aspectos de la vida nos sentimos silenciados, pequeños o como si nos estuviéramos conformando. La reflexión sobre nosotros mismos en la página nos anima a hacernos más preguntas y a desentrañar nuestras respuestas. Hacerme las siguientes preguntas me llevó a conocer de cerca algunos de mis traumas y dolores enterrados.

¿Qué te duele?
Sentir que no importo.
Estar atorada y no saber qué hacer o dónde hacerlo.
Sentirme triste por haber nacido de dos padres dolidos.
Sentir que no puedo alejarme lo suficiente de mis errores del pasado.

¿Dónde sientes más dolor?
En mi pecho y mandíbula.
En mi matrimonio, se me dificulta ser vulnerable, aunque me siento segura con mi marido.
En la espalda. Cuando me estreso demasiado, me duele.

En la maternidad; a veces me siento tan perdida e insegura. Nadie me enseñó a criar y amar a otras personas.

¿Cómo quieres sentirte?
Quiero sentirme segura de mí misma.
Quiero sentirme segura, incluso ante la vulnerabilidad.
Quiero sentirme abrazada, aunque la gente no entienda mi dolor.
Quiero sentir una conexión más profunda conmigo misma.

Recurrir a lo que ahora llamo "escritura reparadora" me invitó a tomarme mi tiempo y a ser paciente conmigo misma. La escritura reparadora me sigue ayudando a descubrir mi verdadera voz y a dar pequeños pasos intencionales hacia mi liberación. Una vez escritas mis respuestas, volví atrás y usé las preguntas *por qué* y *cómo* para profundizar aún más, desentrañando los sentimientos y las verdades detrás de cada una de mis respuestas iniciales. Por ejemplo, para desentrañar mi primera respuesta, escribí lo siguiente:

¿Qué *te duele?*
Sentir que no importo.

¿Por qué *te duele esto?*
Porque sentir que no importo me mantiene atrapada en ciclos de los que es difícil salir. Sentir que no aporto valor al mundo hace que se me dificulte recordar lo que valgo.

¿Cómo quieres que cambien las cosas?
Quiero ser autosuficiente y conocer mi valía. Quiero construir una confianza que no pueda romperse por el rechazo, la vergüenza o la culpa. Sé que reconocer mi propia valía es un trabajo interior. Empezaré a escribir y a recordarme a mí misma el valor que aporto al mundo.

Estos ejemplos son solo la punta del iceberg del descubrimiento de mi verdadera voz. Ir quitando poco a poco las capas de autoprotección permite la transformación. Al identificar el *porqué* y actuar en función del *cómo* es cuando las cosas empiezan a encajar y a tomar una nueva forma. Somos los únicos que tenemos las respuestas a nuestros deseos y necesidades. Incluso cuando nos cuesta sacar esos deseos a la superficie, están ahí esperándonos.

Meditación

Yo reclamo mi poder

Para esta práctica de meditación te invito a leer las siguientes afirmaciones en voz alta. Hazlo mientras te preparas para empezar o terminar el día. Mírate en el espejo mientras las dices en voz alta. Tienes el poder de cambiar tus pensamientos e identificar lo que quieres y necesitas. Empezar esta práctica te recordará que no debes esperar a que otra persona te dé las respuestas que buscas. Puedes volver a tu interior y afianzarte. Inhala profundo y exhala con la boca abierta antes de leer.

Reclamo mi poder siendo sincero conmigo mismo.

Reclamo mi poder enfrentando mi dolor.

Reclamo mi poder abriéndome a mi vulnerabilidad.

Reclamo mi poder mostrándome y no encogiéndome.

Reclamo mi poder estableciendo vínculos saludables conmigo mismo y con los demás.

Reclamo mi poder bajando el ritmo e identificando mis necesidades.

Reclamo mi poder expresando mis sentimientos sin avergonzarme.

Reclamo mi poder curándome de forma lenta e intencional.

Liberación a través de la sanación
Doctora Thema Bryant

Trabajo como psicóloga especializada en traumas y profesora. Facilito la sanación formando y enseñando a personas interesadas en hacer el trabajo de la psicología, ya sea por medio de la educación, la investigación, la defensa o el activismo. Mi especialidad es la recuperación del trauma. Y dentro de la psicología del trauma, me enfoco en la influencia de la cultura en nuestras experiencias traumáticas y en cómo sanamos.

Para mí, las vías de sanación se encuentran en las artes expresivas, en particular la danza y la poesía. También encuentro un profundo restablecimiento en la terapia individual, el apoyo comunitario y social, la espiritualidad y el activismo. Esas cinco vías han sido fundamentales para mí y para mi viaje. También integro esas vías cuando ayudo a otras personas a sanar.

Cuando era estudiante universitaria sufrí una agresión sexual. Estaba en casa, en Baltimore, Maryland, de vacaciones, cuando sucedió la agresión. Hasta entonces, siempre había sido una buena estudiante. Siempre estaba en el cuadro de honor o en la lista del director, y me gustaba aprender. Cuando volví al campus después de la agresión me resultaba difícil centrarme y concentrarme. Estaba deprimida y ansiosa. Debía encontrar la forma de sanación para avanzar hacia el bienestar.

Una de las cosas que hice fue asistir a terapia individual en el centro de asesoría de la universidad. Y aunque actualmente no trabajo en un centro de asesoría universitaria, no es insignificante que el primer puesto que tuve después de doctorarme fuera como coordinadora de una oficina de respuesta a agresiones sexuales en una universidad. Sé que contar con personas formadas, compasivas y bien informadas que te ayuden a darle sentido a tu mundo al revés marca una gran diferencia.

Mientras estudiaba ya sabía que quería ser psicóloga, pero estoy segura de que gran parte de mi énfasis en el trauma sexual en particular surgió de mi experiencia. Una de las cosas que descubrí es que casi siempre escuchas a los sobrevivientes contar sus historias solo cuando están en un lugar de devastación. Cuando miraba a mi alrededor no veía ningún ejemplo de personas que hubieran llegado al otro lado de su dolor y redescubierto la alegría. He descubierto que esto suele deberse a que las personas superan su trauma y luego lo guardan. Una parte esencial de mi testimonio es cuando hablo con la gente sobre mi agresión sexual. Romper el silencio y la vergüenza es fundamental para nuestro trabajo de sanación. Hablar de mi agresión sexual desde el punto de vista de la sanación y la integridad permite a la gente ver y saber que no tenemos por qué quedarnos atrapados en ese lugar de devastación.

La terapia individual me ayudó mucho, y también mi amor por las artes. Muchos sobrevivientes de traumas sexuales tienen relaciones complicadas con su cuerpo. Algunas estamos enojadas con nuestro cuerpo. Antes de la agresión fui bailarina, y le agradezco a mi madre que me introdujera en este arte mientras crecía. Cuando estaba en preescolar me llevaba a clases de danza en el YMCA. La danza me dio un lenguaje. Me permitió contar mi historia a través del movimiento. Antes de tener las palabras, las bailaba. Ese es uno de los regalos de la creatividad: puedes decir tanto o tan poco como quieras.

También escribo poesía. Al igual que la danza, me da voz y salida. Escribí sobre la agresión en mis poemas, pero mucha gente no sabía de qué estaba hablando. Fue sorprendente que unas pocas personas sintonizaban lo suficiente como para descifrar lo que yo decía. Se acercaban a mí con empatía y me decían: "Lamento mucho lo que pasó". Las artes me dieron permiso para sanar de forma libre y auténtica. Me ofrecieron la oportunidad de recuperar la propiedad de mí misma.

Muchas de estas experiencias son indescriptibles y la vergüenza es profunda. Nos dicen que no hablemos de ello, y eso es perjudicial para nuestra salud y bienestar. Animo a mis pacientes a encontrar su voz escribiendo poesía, sobre todo cuando les resulta difícil hablar de ello en voz alta. El trauma te hace sentir que eres el único o que eres diferente a los demás. Con frecuencia provoca que la gente sienta que está mal y que los demás están bien. Encuentro una profunda conexión con el don de la comunidad. Cuando te creen y te apoyan cambia tu forma de sanar. Conectar con personas que no tienen una experiencia idéntica, pero que pueden identificarse por lo que han pasado, es benéfico. Eso ayuda a que la gente no se sienta tan aislada. Como profesional, creo que es esencial dejar espacio no solo para las artes, sino también para la terapia comunitaria.

La espiritualidad también desempeña un papel importante en mi vida y mi trabajo. Profesionalmente, de manera intencional he intentado ser un puente entre las comunidades religiosas y la comunidad de salud mental. Muchas veces están separadas. Por eso, además de mi doctorado en psicología, tengo una maestría en Divinidad. Me apasiona ayudar a las comunidades religiosas a permitirse a sí mismas y a los demás decir la verdad y no esconderse detrás de las Escrituras. Las Escrituras pueden ser muy útiles. Y junto con las Escrituras, debemos ser capaces de decir: "Estoy roto, estoy cansado, estoy frustrado, estoy enojado, estoy deprimido", y que eso no sea silenciado o motivo de vergüenza.

Quiero normalizar que los problemas de salud mental afectan a las personas que aman a Dios. Las personas de fe pueden experimentar y experimentan traumas, depresión y problemas de salud mental. En la Biblia hay relatos de agresiones. Como muchos otros, nunca había oído predicar sobre esas historias. Pero una vez que supe de ellas y estudié la Palabra por mí misma, descubrí a otras teólogas feministas y mujeristas que han escrito sobre estas historias desde la perspectiva de las niñas y mujeres que fueron agredidas sexualmente. Fue sanador para mí experimentar esta faceta de la teología y la fe.

Con el tiempo, dirigí un ministerio de mujeres durante varios años, y hablábamos con apertura y libertad sobre espiritualidad, trauma y salud mental. Y como yo formo a futuros psicólogos, a muchos de ellos no los han educado para preguntarle a la gente sobre su fe, espiritualidad o religión. Y para muchas personas, pacientes y terapeutas por igual, las creencias son una parte central de su búsqueda de sentido. Imagina trabajar con alguien durante meses, o incluso años, y no saber cómo ve el mundo.

Pensar que la espiritualidad y la religión no son dominio del terapeuta no les sirve a nuestros pacientes. Muchas veces los profesionales de la salud mental han desatendido el tema o han dicho cosas muy denigrantes e irrespetuosas, lo que hace que la gente no quiera volver. Queremos evitar eso en la terapia. Queremos que la gente vuelva. La conciencia cultural no solo tiene que ver con la raza y la etnia, sino también con la espiritualidad y la fe de las personas. Curiosamente, y quizá no nos sorprenda, las mujeres, las personas de color y las personas con menos estudios respaldan una mayor espiritualidad o religiosidad. Por lo tanto, si nuestras intervenciones psicológicas ignoran ese aspecto que es fundamental en la vida de las mujeres de color, como terapeutas las estamos pasando por alto y las estamos desatendiendo.

A lo largo de los años he ido sintonizando cada vez más con el poder del no y el poder de respetar mis límites. No es de extrañar que 2020 fuera un año torbellino, y como profesional de la salud mental estaba comprometida a ayudar y servir a mis pacientes y a la comunidad. Durante ese tiempo aprendí algo que me empujó a una sanación más profunda: cómo y cuándo decir no cuando se trata de mi vida laboral y mis límites. Esto fue muy importante para mí porque quiero estar disponible, por eso estoy en este trabajo. Sin embargo, debido a la pandemia, la vida era muy abrumadora para todos.

Por último, muchos miembros de la comunidad negra buscaban terapia por primera vez. Mientras algunas personas llevaban un ritmo de vida más lento en 2020, los profesionales de la salud mental estábamos desbordados intentando ayudar a nuestros pacientes y cuidar de nosotros mismos y de nuestras familias. Tuve que empezar a derivar pacientes a otros profesionales de la salud mental, y me sentí fatal porque la gente se presentaba para sanar y recibir ayuda, y yo no podía apoyarlos como quería. Con el tiempo, empecé a atender a todos los que podía hasta que ya no pude más. La vida me atrapó y me di cuenta de que debía parar y decir: "No puedo ser todo para todos", y eso fue un punto de liberación para mí en esa época. No solo aprendí a poner mejores límites, sino también a honrar mi humanidad y mi capacidad de descansar emocionalmente para poder mostrarme plenamente en mi trabajo y en mi vida. La quietud y la soledad son necesarias para la restauración y la sanación.

La doctora Thema Bryant *es psicóloga, ministra, autora y artista.*

Escribe en tu diario

Permisos

En esta práctica escribirás permisos para ti mismo. La idea es alejarte de la rigidez y de ser rehén de lo que siempre hay que hacer y, en cambio, entrar en la tranquilidad, el descanso y la liberación. Titula la parte superior de tu página "Tengo permiso para". Crea cuatro secciones en la misma página tituladas "Sanar", "Descansar", "Crear" y "Encontrar alegría". En cada casilla escribe las cosas que te das permiso para hacer. No te contengas. No importa lo grandes o pequeños que sean, explora los deseos de tu corazón. Explora las cosas que te hacen sentir visto, seguro y apoyado. Céntrate en nombrar tus necesidades, sin el filtro de la vergüenza y la culpa. Para recuperar tu poder debes permitirte ocupar un espacio, expresar tus necesidades y buscar lo que te da alegría.

Reescribe tu narrativa

Reescribir tu historia —apropiarte de tu relato y de quién quieres ser— es un paso esencial en el viaje de sanación. Escribir para sanar nos permite abordar las partes de nuestra historia de las que necesitamos desprendernos para avanzar con poder y confianza. Cuando nos alejemos de lo que una vez conocimos y de lo que una vez fuimos habrá momentos de ternura. Esto forma parte del proceso. Tú tienes el control. Solo tú sabrás cuándo estás preparado para poner las cosas por escrito. Estar preparado para reescribir tu narrativa te obligará a mirar las cosas de las que te has alejado. Esta es tu historia. No permitas que el miedo te impida pasar página. Reescribir tu relato requiere valentía, fracaso, volver a empezar y estar dispuesto a cambiar.

Con poco más de 20 años, empecé a hacer cambios importantes en mi vida. Estaba cansada de sentirme derrotada por mis malas decisiones. Mis relaciones no eran sanas y seguía intentando arreglarme a mí misma dentro de los mismos entornos que me destrozaban y me distraían de hacer el trabajo de sanación que deseaba. Estaba perdida y no sabía cómo encontrar el camino, pero sabía que debía hacerlo, sabía que quería hacerlo. En mi viaje para enriquecer mi vida recibí muchas críticas. Algunas personas no estaban seguras de cómo enfrentar los cambios que yo hacía y cuestionaban mi autenticidad. Habría sido más fácil quedarme estancada en mis viejas costumbres, pero a la larga habría sido perjudicial, haciendo mi vida mucho más difícil y menos satisfactoria. Elegir reescribir mi historia, cambiar y comprometerme con mi sanación me permitió crecer y convertirme en mi mejor yo. Me permitió tomar las riendas de mi vida y soltar todas las historias que llevaba cargando y que no me pertenecían.

A lo largo de los años he aprendido la importancia de sanar a mi niña interior, la práctica de dialogar con mi yo más joven y nutrirla. Estaba atorada en viejas costumbres debido a comportamientos poco saludables aprendidos en mi educación. En mi juventud aprendí a complacer a los demás y a encogerme para encajar y que me quisieran. Todo el tiempo buscaba constantemente la validación externa para convertirme en una persona adorable. Esto significaba abandonar mi verdadero yo y vivir una historia que no necesitaba ni quería.

Cuando empecé a hacer cambios en mi vida me di cuenta de que huir de mi historia —de lo bueno, lo malo y lo desgarrador— ya no era una opción. No me había llevado a ninguna parte. Decidí sanar y encontrar consuelo en mi propia compañía y en mi verdad interior. Mi viaje emocional y espiritual me recordó que yo tenía el control de mi vida. Tenía el poder de crecer con o sin alguien a mi lado. Fue un estirón de crecimiento que me obligó a verme a mí misma. Perdí amigos, la familia no me entendía y tuve que descubrir cómo mantenerme emocionalmente sola. Sanar estando aislada fue lo que más miedo me dio, pero tuve que superar a mi antiguo yo. No tener a nadie más que a mí misma, mi verdad y mi diario no fue divertido, pero me animó a verme a mí misma por fin. Hacer este tipo de trabajo del alma a solas me permitió recuperar mi poder.

Elegirte a ti mismo cuando nadie te anima es un acto revolucionario. Sí, que la gente te apoye te hace sentir bien en ese momento. Pero recuerda que la validación externa es un extra, no el objetivo. Y si no tienes cuidado, tiene el poder de mantenerte atrapado en una falsa sensación de comodidad, en lugar de conectarte contigo mismo y con tu historia. La validación externa no es lo que te va a sanar. Es temporal. La sanación es un trabajo solitario que solo puedes hacer tú.

Te animo a que des un paso atrás y mires tu vida con tus propios ojos, no con los ojos de tus padres, tu jefe, tus amigos o tu pareja. ¿Quién eres? ¿Qué quieres? ¿Cómo deseas reescribir tu narrativa? Es intimidante alejarse de la comodidad de que otros nos digan cómo ser, pero la sanación no exige menos. Considera tus rachas de crecimiento emocional y mental como el empujón que necesitas para ver más profundo a través de los ojos del compromiso contigo mismo, la exploración de tu interior y la confianza en ti.

Nadie te puede obligar a ir en la dirección que necesitas, ni un terapeuta, ni un entrenador, ni tu autor favorito. Siempre hay momentos en los que la sanación debes hacerla tú mismo. Después de ver a un médico por un hueso roto no te sientas en su consulta hasta que el hueso haya sanado. Recibes los cuidados que necesitas y te mandan a casa a descansar y sanarte a tu ritmo. Lo mismo pasa cuando sanamos a nivel emocional. Volvemos a casa, nos encerramos en nosotros mismos y sanamos paso a paso y día con día.

Al desempacar y reescribir tu historia, al acceder a tu verdad personal, te familiarizarás con lo que sabes que es verdad sobre ti mismo. Las cosas que has estado ocultando o a las que te cuesta enfrentarte emergerán y te recordarán que debes atenderlas. Mantén la curiosidad por tu sanación. Darle la espalda te mantendrá en un ciclo interminable de vergüenza y arrepentimiento. Mira las cosas que debes enfrentar y aprende de ellas.

El arte de sanar
Nneka Julia

En el fondo, soy una artista y una emprendedora. Me encantan el arte y la ciencia de muchas cosas. De niña siempre era la que hacía garabatos en las paredes o recortaba copos de nieve y los pegaba por todas partes. Siempre he tenido esa necesidad externa de crear algo tangible. Estoy muy agradecida porque mis padres no me desanimaron, a pesar de que creían en seguir un camino educativo tradicional. Y aunque no iban a enviarme a la escuela de arte, aceptaron mi espíritu creativo y mi personalidad.

Con el tiempo, dejé de dibujar y pintar porque pensé que necesitaba tomar el camino lineal hacia tener una carrera. Después de la universidad trabajé para la empresa familiar durante 15 años, hasta 2021. Durante ese tiempo trabajé con personas con problemas de salud mental y discapacidades del desarrollo. Estar en esa línea de trabajo y la construcción de un negocio en torno a la atención de los demás ha conformado mi manera de ver los negocios y las relaciones. Me ha enseñado mucho sobre la compasión y la comunidad como una extensión de mí misma.

Cuando tienes la experiencia de cambiarle el pañal a un adulto o administrar medicamentos para alguien, y has tratado con personas que pasan desapercibidas e invisibles para la mayor parte de la sociedad, perfeccionas la habilidad de hacer que la gente se sienta vista y segura. No solo eso, sino que también aprendes a reflexionar sobre ti mismo a un nivel más profundo. A menudo salgo del trabajo preguntándome qué me hace sentir vista.

Siempre me han gustado las fotografías. Me encanta ver los álbumes de mi papá. Él y mi mamá han hecho un gran trabajo documentando sus vidas. Cuando tenía 20 años descubrí esa gran caja de fotos que nunca había visto antes. Y me dije: "Vaya, creo que no he hecho un trabajo tan bueno de capturar a la gente y las cosas como el que han hecho mis papás". Había hecho un gran trabajo subiendo cosas a Facebook, pero quería hacer más de lo que hicieron mis papás: capturar momentos y experiencias que de otro modo se perderían. Esto me llevó a tomar la cámara de mi papá durante un tiempo. Me dejó claro que no podía quedármela y que tendría que devolvérsela. Así que ahorré algo de dinero, me compré una Nikon y empecé a tomar fotos.

Como hija mediana, no me gustaba ser el centro de atención. Cuando me aficioné a la fotografía, aprendí que el oficio mostraba la belleza de ser visto por la forma en que yo veía y captaba lo que me rodeaba. Cuando la gente ve una fotografía está viendo el mundo a través de tus ojos. Eso fue y sigue siendo asombroso para mí.

Empecé a viajar y a recopilar estas historias visuales. Entrando en lugares y conociendo gente, me di cuenta de que Instagram y las redes sociales son muy unidimensionales.

Aparecía trepada sobre el lomo de un camello mientras atravesaba una ruptura, y todo el mundo se limitaba a ver el camello. Por mucho que me gustara crear imágenes y compartirlas, se convirtió en una forma muy superficial de comunicarme.

Nunca había visto las fotos así. Siempre me han parecido tan profundas. Sin embargo, cuando lo que se comparte se simplifica a un cuadrado a través del teléfono, las imágenes suelen verse solo como algo estético o aspiracional. Nadie sabe lo que pasa en tu vida. Empecé a preguntarme: "¿Qué lecciones estoy dando? ¿Qué estoy aportando realmente si solo es belleza?".

Cuando empecé mi podcast me tomé la escritura un poco más en serio. Siempre había escrito, anotado, llevado diarios y cosas así, pero nunca hasta el punto de querer compartir las historias. Decidir compartir mis historias fue un punto de inflexión. Combinar imágenes con palabras y audio creó una profunda sensación de conexión con mi trabajo y con el mundo que me rodeaba. A veces me sentía muy sola escribiendo y grabando las historias. Pero entonces alguien del otro lado del mundo me tendía la mano, compartiendo lo mucho que se sentía identificado conmigo. Me reconforta saber que no soy la única que ha sufrido. Creo que compartir esa parte de mí misma es vital. Contar historias por escrito me ha cambiado la vida y es el núcleo de mi sanación.

La ruptura por la que pasé fue dura. Me dejó intentando darle sentido al dolor que sentía. Mi apetito desapareció. Dormía todo el día y me sumí en lo que ahora veo como una profunda depresión. Escribir sobre ello ahora y estar en un espacio emocional completamente diferente es un reto. Pero como artista sé que mis experiencias e historias no son en vano. Tal vez alguien por ahí se sienta identificado y extraiga algunas perlas de sabiduría de lo que yo viví.

Mi viaje hacia una sanación más profunda se inició cuando me di cuenta de que ninguna de mis respuestas era externa. Enfrentarme al desamor fue la prueba de que absolutamente nadie iba a salvarme. Ningún gurú iba a venir a decirme que todo saldría bien. Nada podía hacer mágicamente que mi ex me amara o que yo me amara a mí misma de forma responsable. Eso tenía que provenir de mí.

Yo soy mi centro, un lugar al que siempre puedo volver. Con los años he llegado a saber que todo el mundo estará bien. Vivir en 2020 fue la prueba de que alejarme para cuidarme y sanarme cuando lo necesitaba no perjudicaba a nadie. Todo el mundo vivirá si te alejas un poco. Está bien que te conviertas en una prioridad.

Conforme perfecciono mi arte y sigo creando y capturando historias, a menudo me pregunto: "¿Cómo estoy dejando a la gente mejor que como estaba antes?". La sanación me ha enseñado a fluir. Cuando encuentro ese lugar el tiempo y el espacio desaparecen. La fotografía y la escritura me invitan a ir más despacio y a vivir con más intención. Cuento historias, desde la oratoria hasta la palabra escrita. Soy coleccionista de historias.

Nneka Julia *es escritora, fotógrafa y presentadora de podcasts.*

Escribe en tu diario

¿Cuál es mi historia?

Esta práctica de escritura se centra en tu historia para que reclames lo que te pertenece y liberes lo que no es tuyo. Usa la siguiente lista de preguntas para empezar a conectar con tu historia auténtica, la historia que refleja tus valores, tus sueños y tu alegría. No escribas la respuesta a todas estas preguntas a la vez. Tómate tu tiempo para reflexionar sobre cada una de ellas.

- ¿Qué historias a las que me aferro no me pertenecen?
- ¿Cómo quiero empezar este nuevo capítulo de mi vida?
- ¿Qué historias, buenas o malas, me han formado?
- ¿Qué me gustaría que dijera un libro sobre mi legado?
- ¿De qué debo dejar de convencerme?
- ¿Hay alguna historia que deba soltar o dejar de repetir?

Haz las paces con viejas historias

Si no te perdonas a ti mismo o no sueltas viejas narrativas, la sanación será difícil de alcanzar. Retenerte como rehén y odiarte por tus errores del pasado no apoyará tu anhelo de sanar ni creará la fluidez que deseas en tu vida. Pasé años sumida en el dolor porque creía que me lo merecía. Muchos de mis traumas y angustias emocionales provenían de mi infancia. Creía que odiarme era normal. El amor propio y el perdón hacia mí y hacia los demás me eran ajenos.

No había nadie en mi vida que me enseñara a quererme. Me faltaban las herramientas para reclamar mi poder personal y tuve que descubrir cómo defenderme. A menudo bromeo diciendo que fracasé en mi camino hacia el autoperdón. Ahora veo los muchos fracasos como una bendición disfrazada, pero entonces estaba enojada y confundida. Cuando la toxicidad y la agitación interior se sienten como algo normal, el cambio parece algo de otro mundo. Me tomó años de terapia, autorreflexión, fracasos y procesamiento en las páginas de mi diario para deshacer esa mentalidad. Desaprender las cosas disfuncionales que había llevado tan cerca de mi corazón durante tanto tiempo fue una montaña enorme a escalar.

En la infancia, quería la atención de mi padre, casi siempre ausente; en la edad adulta, competía por la atención de hombres y amigos emocionalmente ausentes. Todo esto me hundió aún más en la autodestrucción. En ese momento de mi vida, pensé que viviría así hasta el día de mi muerte. Me lesioné a mí misma durante años hasta que decidí que había llegado el momento de darle la vuelta a mi vida y empezar de nuevo. El daño emocional que me infligí a mí misma era una bestia que debía desaprender, y aún más cuando por fin empecé a tocar la superficie de mi sanación.

Mientras sanaba me di cuenta de que elegí quedarme hundida y derrotada como forma de castigo. Pensé que así aprendería una lección. La mayor parte de mi sufrimiento fue autoinfligido porque carecía de autoestima. No creía que mi vida valiera nada. Y debido a esa forma de pensar derrotista, la alegría y la sanación no estaban a mi alcance.

Acabé reforzando la mentira de que no podía confiar en mí ni en mis pensamientos. Con eso dirigiendo mi vida, traté de llenar mi corazón con validación externa y relaciones dañinas y codependientes.

Cuando nos odiamos y nos maltratamos, por la razón que sea, atrofiamos nuestro crecimiento emocional y silenciamos la empatía y la compasión por nosotros mismos. En el dolor, nos perdemos a nosotros mismos y perdemos la esperanza. La capacidad de crear un nuevo camino parece alejarse cada vez más. Muchos hemos hecho y dicho cosas —y actuado de maneras de las que nos arrepentimos— debido al estado emocional y mental en el que estábamos.

No podemos retractarnos de nuestros pasos en falso ni de nuestro mal comportamiento. No podemos hacer que las cosas desaparezcan. Incluso en nuestros errores, fracasos y desafíos, no merecemos la angustia adicional que nos infligimos a nosotros mismos por algo que no podemos cambiar. Lo que sí podemos cambiar es nuestra actitud. Ofrecer amor a las partes de nosotros que hemos odiado durante tanto tiempo requiere dedicación y práctica.

Merecemos presentarnos en este trabajo con nuestros defectos. Acertar siempre es imposible. No hay punto de llegada en la sanación. Mientras estemos vivos, seguiremos creciendo, fracasando, teniendo éxito y aprendiendo por el camino. Después de muchos años de hacer mi propio trabajo de sanación profunda, he llegado a comprender que nuestras respuestas están enterradas dentro de nosotros. Todos tenemos el poder de reclamar nuestra verdad y compartir nuestra verdadera belleza y alegría con el mundo.

Es fácil disuadirnos de hacer el trabajo que necesitamos para cambiar. Pero convertirnos en lo que deseamos ser en esta vida requiere reconocer y liberar lo que solíamos ser. Nos llama a reconocer nuestros patrones y a actuar para cambiarlos. Podemos enredarnos en nuestra mente sobre cómo deberíamos presentarnos y sanar. Podemos sentirnos aislados porque la gente que nos rodea se niega a comprender o a hacer su propio trabajo del alma.

Recuerda cuál es tu trabajo. La paz interior empieza cuando dejas de intentar cambiar a personas que no quieren cambiar. Tu sanación y su sanación no son sinónimos. Hacer las paces contigo mismo y con tu pasado consiste en superar y romper los ciclos de disfunción, trauma y odio hacia ti. Cuando eliges sanar, eliges activamente sanar a las generaciones venideras.

Permite que esta obra te muestre cómo es caminar hacia la gracia. Estamos en constante ir y venir cuando se trata de aprender el amor propio, la paz interior y la profundización de nuestra conexión con lo que intentamos ser. No podemos odiarnos para ser mejores versiones de nosotros mismos. Es imposible. El amor, la paciencia y la comprensión deben estar en el centro de nuestra sanación.

Una práctica de escritura sirve como invitación a soltar las cosas en la página para, literalmente, abrazar una nueva historia. Muchos nos hemos aferrado a viejas versiones de nosotros mismos porque no sabemos dónde meterlas. Nuestras maletas emocionales están tan llenas que no hay lugar para el cambio, no hay espacio. Abandonarse a uno mismo no funciona. Esta práctica de sanación y evolución requiere que estés totalmente presente y comprometido.

Ser fuerte significa no conformarte ni rendirte cuando la vida se pone difícil. Recuperar tu voz significa liberarte de los confines de la caja en la que has vivido durante tanto tiempo. Tienes el poder de contar una nueva historia.

Sanar al bajar el ritmo
Chriselle Lim

Alex Elle: ¿Quién eres y a qué te dedicas?

Chriselle Lim: Ante todo, soy madre de dos niñas. Tengo una de siete años y otra de tres, y soy empresaria digital. Empecé mi carrera como creadora de contenidos. Algunos me conocen por mi canal de YouTube. Algunos me conocen por TikTok como Rich Mom. Otros me conocen por mi sentido de la moda en Instagram. También tengo una empresa llamada Bümo. Se trata del futuro de la familia y de encontrar soluciones para los padres modernos, trabajadores y *millenials*.

AE: ¿Cómo se ha manifestado la sanación en tu vida?

CL: La sanación ha aparecido en un momento difícil para mí. Mi divorcio sacó muchas cosas a la superficie. Gran parte de mi proceso de sanación requiere esperar y estar quieta. Esa fue la parte más difícil para mí. La parte más difícil de la sanación es sentarnos con nosotros mismos, con nuestra alma, y observarnos sin juzgarnos ni criticarnos duramente. Llevo una vida acelerada y el divorcio me obligó a frenar todo y a conocerme mejor. Todos estamos muy ocupados con nuestra vida, y a veces queremos superar las cosas solo por superarlas y ya, pero yo sabía que no podía hacerlo con el divorcio. Tenía que vivir el duelo como es debido y hacerme un hueco. Todavía estoy recuperándome, pero creo que lo hago de una forma muy sana.

AE: ¿Qué te ha enseñado el divorcio sobre ti misma?

CL: ¡Muchas cosas! Pero lo principal es que cuando estás casada y tienes hijos dejas pasar muchas cosas solo para asegurarte de que la familia está a gusto. Yo acabé poniéndome al final de mi lista de prioridades hasta que no pude más. Últimamente he estado hablando con otras mujeres —divorciadas, casadas y solteras— y todas las historias son parecidas. Todas parecemos estar condicionadas a anteponer a los demás a nosotras mismas. Es algo que me gustaría cambiar, sobre todo en lo que respecta a las madres. Al crecer con padres inmigrantes, muchas veces escuchaba que debían sacrificarlo todo para asegurarse de que la familia y los niños fueran felices, estuvieran seguros y formaran una unidad. Como mujeres, evadimos muchas cosas, incluido nuestro dolor, nuestros deseos y nuestras necesidades. Alejamos nuestros miedos, problemas, detonantes y cosas que nos molestan para mantener intacta la unidad familiar, y quiero desestigmatizar a las mujeres que *no* lo hacen. No tenemos por qué conformarnos ni ser las últimas de la lista.

AE: ¿Qué modalidades creativas has usado para sanar?

CL: Como he estado tan atada al trabajo y la familia, no he tenido tiempo para explorar lo que me gusta más allá de esas dos cosas. Todavía estoy descubriendo qué me da gran alegría, aparte del trabajo y los hijos. Dos cosas que me gustan mucho son leer y viajar. Debido a que comparto la crianza con mi exesposo, tengo más tiempo para disfrutar de esas dos cosas. Eso me ha ayudado mucho. Antes, nunca viajaba por mí misma o para explorar y ver cosas nuevas. Siempre estaba de viaje por trabajo. Iba y venía. No disfrutaba de los lugares a los que iba. Ahora lo que más me gusta es leer un libro. Me gusta subirme a un vuelo largo, terminar el libro, bajarme del avión y explorar. Me siento muy agradecida por tener la posibilidad, el tiempo y los medios económicos para hacerlo. Tener más tiempo para conocerme a mí misma y lo que me gusta ha sido inspirador. Deseo explorar otras cosas, como el deporte o el arte. Estoy abierta.

AE: ¿Cómo te ayuda a recargarte el tomar un descanso del proceso de sanación?

CL: Creo en la terapia, en la superación personal y en intentar ser mejor persona. Me encanta aprender más sobre mí misma y convertirme en la mejor versión de mí. A veces eso me impide estar en el momento, vivir libremente y aplicar de verdad lo que he aprendido en la vida. Los primeros seis meses de mi divorcio estaba muy obsesionada con siempre estar leyendo un libro o escuchando un podcast útil. Todo el tiempo intentaba sanar y ser lo mejor posible. Pero con el tiempo eso cambió, y mi descanso emocional ahora se parece a leer libros de ficción. Para mí eso es muy extraño porque odiaba la ficción. Pensaba que no tenía sentido y que era inútil porque yo quería cosas que me ayudaran a mejorar mi vida. He aprendido que puedo confiar en mí misma. Tengo las herramientas para sanar y no tengo que obsesionarme con ellas ni mejorar sin cesar. El descanso emocional para mí también se parece a escuchar música sin sentirme culpable de no estar siendo "productiva". Darme permiso para pasear o manejar sin tener ningún lugar al que ir es muy reconfortante. No siempre tengo que ir a algún lado o hacer algo. Puedo simplemente estar. El descanso emocional es creer que puedo recurrir a mis herramientas y emociones cuando sea necesario, pero también puedo ser creativa y vivir en un mundo de fantasía de libros de ficción cuando quiera y no sentirme mal por ello; eso también me sana.

AE: ¿Cómo te sanas?

CL: Me sano dándome gracia y compasión, aceptando mis defectos y sabiendo que todavía estoy en proceso de evolución. Me sano saliendo con mis amigas todo lo posible, rodeándome de gente que me entiende y no me juzga. Me sano conectando con la gente, compartiendo historias y siendo vulnerable. Me sano teniendo el corazón abierto, sabiendo que ahora todo es posible.

Chriselle Lim *es estilista de moda, bloguera de belleza y estilo de vida, y empresaria digital.*

Meditación

Camina y reflexiona

Caminar se ha convertido en una parte fundamental de mi proceso de sanación. Amo estar bajo el cielo abierto y sentir la tierra bajo mis pies mientras reflexiono sobre una pregunta en mi mente. Durante la meditación mientras caminas, considera lo siguiente: "¿Qué historias que no me pertenecen estoy cargando?". Comienza tu respuesta así: "Las historias que no me pertenecen son…", y enumera lo que resuene contigo. Pregúntate dónde aprendiste esas historias y cómo te hacen sentir en este momento. Da espacio para cualquier emoción o pensamiento que surja.

Date tiempo para procesar lo que aparezca y sé paciente contigo mismo mientras miras hacia tu interior. Recuerda que tú sabes cómo encontrar tus respuestas. Tienes lo necesario para identificar las formas en las que deseas cambiar, transformarte y crecer. Sé paciente y compasivo contigo mismo mientras escuchas cómo reescribes tu historia y cambias tu narrativa.

Nutre a tu niño interior

Aprender a darle espacio a nuestro niño interior o a nuestro yo más joven puede parecer un concepto extraño. Ya somos adultos. ¿Por qué necesitamos volver atrás y desenterrar nuestro profundo dolor o trauma?

Yo tenía esa misma pregunta, y hasta que empecé a explorar el profundo dolor que parecía surgir de la nada en mi vida adulta me di cuenta de que casi todo mi dolor estaba relacionado con cosas que habían pasado en mis años formativos. Había cosas que nunca había compartido en terapia y que hice a un lado porque pensaba que no eran relevantes. Pero, por supuesto, sentirme rechazada por mi padre y odiada por mi madre me afectó de forma real y dolorosa durante toda mi vida.

Cuando empecé a escribir mi libro, *After the Rain*, me di cuenta de lo destrozada que estaba por mi infancia. Escribir ese libro fue como desenterrar un sufrimiento, pero también fue liberador. En el proceso, le escribí cartas a mi yo más joven, con la esperanza de aliviar algunas de las heridas que había reabierto. Llevaba tan cerca la soledad y el dolor de mi infancia que me resultaba difícil sentirme segura. También me di cuenta de que muchos de mis traumas eran generacionales y no ayudaban a sanar mis emociones. Me frustró llegar a este recuerdo a los 30 años. Había trabajo mucho internamente y el dolor que sentía no reflejaba los avances emocionales que había hecho.

Evitaba el trabajo con mi niña interior porque me aterrorizaba lo que pudiera surgir, pero sabía que debía llegar al fondo de esta tristeza que apenas emergía. Alimentar a nuestro niño interior nos ayuda a identificar lo que es nuestro y lo que no lo es a nivel emocional. Con frecuencia estamos condicionados a cargar con el dolor y las proyecciones de los demás, casi como si eso nos perteneciera. Cuando empezamos a sanar con frecuencia nos confundimos porque no tenemos claro qué nos pertenece y qué no. Mostrarnos en la página nos da el espacio para ordenar las cosas que pueden o no pertenecer a nuestras maletas emocionales.

Me abrí paso en esta práctica escribiendo cartas a la niña que había en mí y brindándole el consuelo, el amor y los cuidados que yo hubiera deseado recibir. Le decía cosas como: "Ahora estás a salvo", "Te quiero" y "El trauma no fue culpa tuya". Me di espacio y gracia para derrumbarme. Cuidar de mi yo más joven en la página me daba la bienvenida a mí y a todo mi desorden. Me exigía respeto, compasión y consuelo. Aprendí a consolar a la niña que había en mí porque necesitaba y merecía mi atención.

Este trabajo te puede resultar difícil o extraño, y te animo a que aceptes esa incomodidad. A mis alumnos que hacen este trabajo de introspección profunda les digo que nuestro niño interior *somos* nosotros mismos. No podemos separar nuestro yo actual de nuestro yo más joven. Las experiencias que tuvimos al crecer, buenas y malas, pueden afectarnos y nos afectarán. Ignorar nuestras experiencias es descuidarnos. Debemos aprender a vivir en armonía con ambas y ser considerados con las partes rotas de nosotros mismos. Así es como hacemos las paces con nosotros mismos y nos adentramos de forma intencional en nuestra sanación. Así es como aprendemos a encontrar la armonía y la aceptación. Así aprendemos a amarnos a nosotros mismos y a florecer en nuestra sanación.

Intentar ser perfecto te distraerá de profundizar y ensuciarte las manos. Deja la perfección en la puerta. Esto es un trabajo sucio. Cuando aparezcas en la página con tus defectos y tu vulnerabilidad, descubrirás muchas cosas sobre ti y tu capacidad de recuperación. Tu dolor puede ser un camino hacia el crecimiento. El trabajo con tu niño interior es el lugar para eso. Es donde puedes romperte y sanarte todo lo que necesites sin juzgarte, avergonzarte ni sentirte culpable. Sin importar tus circunstancias, tu niño interior necesita tu atención. Puedes empoderarte en la página y encontrar nuevas formas de ser tu mejor maestro y aliado.

Mientras realizas estas prácticas, recuerda que tu niño interior forma parte de tu historia. Dale la bienvenida, participa con él. No lo silencies. Permite que te ayude a crecer en tu poder. Su voz es tu voz.

Escribe en tu diario

Reflexión sobre el niño interior

Nuestro niño interior es nuestro yo original o verdadero. También es la parte infantil oculta de nuestra personalidad, caracterizada por el juego, la espontaneidad y la creatividad. Cuando nuestro niño interior se activa puede provocar ira, dolor y miedo que no comprendemos o que nos parece desproporcionado en comparación con aquello real que lo detonó. Este diario te invita a sentir curiosidad por saber cómo eran tus deseos y necesidades de niño y cómo son ahora.

¿Qué necesita hoy tu niño interior?

¿Qué te hacía sentirte seguro y querido de niño?

¿Qué te hizo sentir miedo y sentirte silenciado durante tu infancia?

¿Eras creativo de niño? Si es así, ¿cómo?

¿Qué te gustaba crear?

¿Qué cambiarías de tu infancia?

¿Qué mantendrías igual?

Meditación

Afirmación del niño interior

Lee esta meditación en voz alta en la aplicación de notas de voz de tu celular. Crea un ritual escuchando esa reproducción. Tal vez te prepares tu té favorito, una buena comida o te des un baño caliente para prepararte para un tiempo de reflexión. Permite que esta práctica sea tu momento de reflexión sobre el amor hacia ti mismo y tu paz interior. Establece un recordatorio para reproducir esta afirmación del niño interior todas las veces que lo necesites.

Querido yo más joven:

Estás a salvo. Estoy creando una buena vida para ti. Incluso en los días en que estoy perdido, confío en que surgirá una nueva dirección o camino. Te quiero profundamente. Siento haberte hecho sentir que no te amaba. En ese entonces estaba aprendiendo y sigo aprendiendo ahora. Estoy dedicado a mi sanación gracias a ti. Lo que no tenías entonces, lo tienes ahora. Gracias por recordarme que puedo valerme por mí mismo. Gracias por no rendirte conmigo. Me has demostrado que puedo ser quien siempre he querido ser. Estás a salvo. Te quiero. Yo estoy aquí.

Respiración

Respiración Rock-and-Roll

Estar profundamente en nuestro proceso de sanación significa sentir todo lo que sube y baja. Este ejercicio de respiración es perfecto para sacarte de la mente y conectarte con tu cuerpo. Es una respiración que te arraiga y te anima a profundizar para liberar sentimientos de estancamiento.

- Siéntate en una posición cómoda, sobre el suelo o sobre un zafu, con la espalda bien apoyada.
- Coloca tus manos en tu abdomen mientras inhalas.
- Al inhalar, inclínate ligeramente hacia adelante y expande tu vientre.
- Mientras exhalas, empuja el aire hacia afuera apretando tu abdomen, curva ligeramente la columna vertebral hacia atrás y vacía tu vientre por completo.

Repite este ciclo de respiración seis veces. Hazlo despacio y con intención. Mientras respiras, visualízate en un lugar de paz, calma y tranquilidad. Incluso si hoy la vida parece inestable, siempre puedes volver a tu respiración.

Lecciones y cartas para tu yo más joven

Para estar en tu poder, debes practicar hablar de ti mismo de forma positiva y con confianza. Pero aprender a utilizar un lenguaje positivo y de afirmación personal puede ser todo un reto para muchos. Yo estaba tan acostumbrada a hablarme negativamente a mí misma que practicar lo contrario me parecía contraproducente. A pesar de los retos a los que me enfrentaba, sabía que el único camino hacia mí misma era el que me exigía elegir de forma intencional no seguir menospreciándome ni culpándome. Al principio me resultaba muy difícil hablarle con amabilidad a mi yo adulto, ese yo al que regañaba por no saber hacerlo mejor o por no hacerlo mejor. Lo que me ayudó a llegar a un lugar de gracia y autocompasión a lo largo de los años fue la práctica de escribirle cartas a mi yo más joven, ser su mentora, por así decirlo.

Este trabajo con mi niña interior me cambió. No solo me mostró la posibilidad de tener una relación amorosa conmigo misma, sino que me permitió aliviarme de nuevas maneras. Me empujó a hablar conmigo como alguien a quien cuidaba y quería. Ser compasiva con todo lo que aparecía en la página de la infancia —lo bueno y lo malo— me animó a ser amable conmigo. Detenerme para cuidarme y escucharme era como aprender un nuevo idioma.

Aprendí en este camino de crecimiento, perdón y amor a mí misma que, cuando nos comprometemos a la restauración emocional, nos comprometemos a vernos a nosotros mismos sin juzgarnos. Odiarnos no nos ayuda a sanar; frena nuestro crecimiento y nos mantiene pequeños. Consolar a nuestro niño interior, perdonar nuestros defectos, abandonar el hábito de culparnos y elegir empezar de nuevo puede aportarnos un nuevo sentido de identidad y belleza en la vida.

Estamos hechos para este trabajo, esta vida y este amor propio. Lo que nos faltó a nivel emocional y tangible al crecer no significa que no lo mereciéramos o que fuéramos dignos del sufrimiento que padecimos. No podemos seguir mintiéndonos y escondiéndonos de las cosas que nos rompen el corazón. Cuando dejé de culparme por lo que hacía o dejaba de hacer, empecé a abrirme más a la posibilidad de una verdadera expansión y de alimentarme a mí misma. Con frecuencia le recuerdo a mi yo más joven que entre en sus lugares oscuros, saque todo a la luz y se niegue a sufrir en silencio.

Podemos repararnos escuchando nuestras necesidades pasadas y presentes. Este proceso nos cambia la vida. Mientras crecía, no había gente que me escuchara con todo el cuerpo y con un sentido de comprensión y atención. Así que, al repararme, estoy aprendiendo a escuchar mis necesidades y mis deseos, tanto los de hoy como los de mis años de infancia y juventud. Podemos compensar lo que nos faltó en la infancia cuidándonos ahora. Podemos cambiar nuestra forma de ver el pasado y maravillarnos de cómo hemos evolucionado y de lo que hemos aprendido en el camino. Podemos decidir cómo aprendemos y crecemos ahora, como adultos.

Sanación en terapia
Luvvie Ajayi Jones

Soy multifenómeno. Soy autora, conferencista y presentadora de podcasts. Sin importar *cómo*, me apasiona crear obras que ayuden a la gente a sentir alegría y a pensar de forma crítica, y que las impulsen a emprender acciones que dejen este mundo mejor de cómo lo encontraron.

La sanación apareció en mi vida hace más de cinco años en la terapia y el catalizador fue experimentar el rechazo en línea. Me dio un golpe en el trasero y me di cuenta de que no tenía las herramientas necesarias para lidiar con el hecho de ser una persona visible cuyas palabras pueden ser utilizadas como armas.

Ya es bastante difícil ser una mujer negra. Ser una mujer negra visible significa que todo el tiempo me enfrento a las proyecciones de la gente sobre quién cree que soy, y lo hago de la forma más dura. Ya estaba atravesando por mis propios problemas, y luego tuve que averiguar cómo navegar por las proyecciones externas y los problemas de otras personas. Era abrumador, así que busqué terapia.

Supe que la terapia era necesaria cuando me di cuenta de que necesitaba ser aún más firme sobre mi valía y centrarme más en quién soy, no en las ideas de otras personas sobre quién podría ser. Por supuesto, ir a terapia desencadenó todo tipo de cosas, y se volvió evidente que había muchos traumas que había estado arrastrando y que no había enfrentado ni reconocido. Con la terapia jalé un hilo y de repente parecía que todo mi suéter se había deshecho. Pensaba que estaba allí solo por una cosa, pero pronto fue evidente que estaba allí por muchas más.

Mi trabajo de sanación fue multifacético y mi primera terapeuta, la doctora Patterson, fue una presencia sanadora y enraizadora para mí. Murió repentinamente en 2021, ¡y eso me sacudió!

Me enteré de su muerte un día antes de reunirme con ella para nuestra siguiente sesión, y esa pérdida en sí misma abrió otra capa de dolor y sanación que tuve que procesar.

Lo que soy hoy en día es un testimonio de nuestro trabajo juntas, y por eso ella está presente en mi segundo libro, *Professional Troublemaker*. La doctora Patterson fue capaz de ayudarme a desbloquear la vulnerabilidad, y me ayudó a empezar a lidiar con traumas reprimidos. Por lo regular no nos damos cuenta de que gran parte de nuestra vida es traumática porque identificarla como tal es ser vulnerable.

Una de las muchas herramientas que me dio la doctora Patterson es aprender y practicar activamente a no huir de las cosas difíciles, algo que nadie me había enseñado antes. No había encontrado esa forma de pensar. Hasta que trabajé con ella y empecé a enfrentarme a mis experiencias, no me di cuenta de que había pasado gran parte de mi vida evitando enfrentar las cosas difíciles. Nos ocupamos de la vida, del trabajo e incluso de jugar con nuestros teléfonos. La doctora Patterson fue la primera persona que me pidió que dejara de correr tanto.

Al trabajar con la doctora Patterson comprendí con más profundidad la sanación como un espectro. Creo que nunca terminamos de sanar. Todo el tiempo estamos desaprendiendo los hábitos que aprendimos de los demás. En el camino aprendemos a desechar las proyecciones de los demás sobre nosotros y, en última instancia, descubrimos cómo convertirnos en personas más fuertes y más suaves gracias a ello.

La muerte de la doctora Patterson me dejó perpleja. ¿Quién te ayuda a procesar la muerte repentina de la persona que te ayuda a procesar la vida? Me enteré de que murió en medio de un ajetreado día que tuve de trabajo. Me obligué a guardarme la noticia hasta que terminó mi jornada. Metí el hecho en una cajita y la guardé en un rinconcito de mi pecho. Mi jornada laboral terminó hasta las ocho de la noche de ese día. A las 8:05 p. m. ya estaba llorando.

Como escritora, todo lo proceso a través de las palabras, así que escribí sobre ella y sobre cómo transformó mi vida. Su impacto en mi sanación fue profundo y reconfortante. Mientras escribía sobre su muerte, me encontré escuchando su voz y lo que ella me diría como si me estuviera acompañando desde su propia muerte. Esto fue lo que imaginé:

Doctora Patterson: ¿Cómo te sientes hoy?

Yo: Supongo que estoy bien.

Doctora Patterson, en silencio y mirándome con atención.

Yo: No estoy bien. Tu muerte me ha desconcertado. No sé cómo manejarlo, así que solo lo estoy trabajando y escribiendo.

Doctora Patterson: ¿Qué estás evitando trabajar?

Yo: Darme cuenta de que siento una pérdida muy grande y muy personal, y me siento egoísta porque no sé si estoy de luto por ti o por lo que significa para mí que no estés aquí.

Doctora Patterson: ¿Hay alguna diferencia?

Yo: No lo sé.

Sentí como si, incluso en su muerte, me estuviera enseñando a entrar en mí misma y a ser honesta con mis sentimientos. Es un testimonio de su increíble trabajo y de su capacidad para ayudar a la gente a sanar, ver y sentir. En espíritu, estaba allí y yo procesaba con ella. Mientras me enseñaba, me sentaba con lo que había aprendido, en lugar de huir de ello. La muerte de mi terapeuta, la persona que me ayudaba a procesar la vida, fue una invitación a usar activamente las herramientas que ella me dio. En ese momento me di cuenta de lo mucho que había aprendido y crecido.

Ahora tengo una nueva terapeuta que me anima a escribir las cosas. Sabe que si no escribo no procesaré todo lo que me ha sucedido. A veces paso meses sin escribir porque no estoy preparada para enfrentar cosas difíciles.

Creo que es importante darme espacio para descansar emocionalmente y a veces ser un desastre. Lo considero necesario para mi sanación. Me quita un poco de presión y me recuerda que no siempre tengo que hacerlo todo bien. Elegir tomarme el tiempo para descansar me recuerda que, incluso cuando no estoy trabajando internamente, sigo siendo valiosa y digna. Cuando realizas un trabajo interior duro o de sanación necesitas tomarte un descanso después. Al igual que los atletas se toman un descanso, el descanso emocional es como la temporada baja. No debo trabajar constantemente para ser mejor cada segundo. Hay días en los que necesito ser un desastre, y eso está bien.

Sano asistiendo a terapia.

Sano rodeándome de personas que llenan mi espíritu de alegría.

Sano intentando, en la medida de lo posible, ser amable conmigo misma, porque puedo ser muy autocrítica.

Sano permaneciendo en mi integridad.

Luvvie Ajayi Jones *es autora, conferencista y presentadora de podcasts.*

Escribe en tu diario

Escucha a tu niño interior

Para comprender mejor la historia que nos ha traído hasta aquí debemos reconocer los deseos y necesidades de nuestro niño interior. Esos deseos y necesidades le dieron forma a la persona que somos hoy. En esta práctica identificarás los deseos y necesidades de tu niño interior en las páginas de tu diario. Te invito a pensar en lo que querías y necesitabas emocionalmente en la infancia y que sentías que no obtenías.

Titula la parte superior de una página en blanco del diario "Mi yo más joven". Abajo dibuja una gráfica en forma de T, luego titula un lado "Lo que deseaba" y el otro lado "Lo que necesitaba". Empieza a escribir la lista alternando entre cada lado, escribiendo las primeras palabras (no frases) que te vengan a la mente. Esto es clave para llamar tu atención sobre una cosa y después desempacarla.

Ahora que tienes la listas de palabras para lo que "deseabas" y lo que "necesitabas", pon un temporizador de dos minutos y permítete escribir libremente en cada una de las columnas. Para escribir con libertad, mantén la pluma sobre la página y no te detengas a pensar o corregir nada. Intenta llenar todo lo que puedas en esos dos minutos. Puedes hacer listas cortas o muy largas; no hay una forma correcta o incorrecta de hacer esta práctica.

Haz las paces con tu pasado

Al mirar hacia atrás en nuestras historias recordaremos en qué nos hemos quedado cortos o qué errores graves cometimos. Cada uno tenemos algo de lo que no nos sentimos orgullosos o que preferiríamos no recordar. Examinar nuestro pasado puede ser desalentador porque no podemos evitar las cosas que hicimos mal, haber herido los sentimientos de alguien o haber vuelto a viejos malos hábitos que sabemos que no nos sirven. A algunos nos resulta increíblemente doloroso mirar nuestro pasado porque quizá fuimos víctimas y solo queremos que la vergüenza y el dolor desaparezcan.

Nadie *quiere* sentir malestar. Es un recuerdo de los desafíos que hemos tenido que soportar y lo que significa haber vivido algo, incluso si ese algo nos cambió o hirió de la peor manera. Es complicado enfrentar lo que sigue siendo sensible. Queremos sanar, pero no sabemos por dónde ni cómo empezar. Hacer las paces con nuestro pasado requiere que miremos todo lo que nos ha roto y sacudido, aunque nos produzca escalofríos.

Somos dignos de consuelo y tranquilidad, aunque tengamos un pasado doloroso. Negarnos a mirar la historia que nos conforma nos impide sanar de manera profunda. Cuando empezamos a desmantelar el control que nuestro pasado tiene sobre nuestra vida empezamos a hacer las paces con nosotros mismos. Nuestro pasado no es un enemigo; es nuestro maestro. Permanece abierto a la guía que este puede ofrecerte.

Te invito a que sientas curiosidad por los miedos y los puntos de dolor de tu pasado. Míralos a los ojos y observa lo que intentan decirte. Permítete recibir cada lección con el menor juicio posible y sé indulgente con el proceso de ordenarlo todo. Te mereces experimentar la misma flexibilidad y gracia en tu sanación que les ofreces a los demás. Si un ser querido estuviera luchando contra las heridas de su pasado, ¿qué le dirías? ¿Cómo lo apoyarías? ¿Cómo lo amarías y te harías presente? ¿Cómo lo escucharías y le darías espacio? Ahora hazlo contigo mismo. Estás aquí, en esta vida, para aprender y expandirte.

Cuando hacemos las paces con el pasado abrimos la puerta a la seguridad emocional y a la confianza en uno mismo, lo que nos permite profundizar aún más. Con el tiempo, incluso puedes dejar de castigarte por tu pasado. Estar con tu corazón sensible es estar con todo tu ser.

Respiración

Cultiva la confianza en ti mismo

Conforme recuperamos nuestro poder, reconstruimos nuestra autoestima, aquello que sabemos que es bueno y verdadero sobre nosotros mismos. La respiración intencional puede ayudarnos a expulsar la vergüenza, la culpa y la duda y sustituirlas por fuerza, paz y amor. Mientras reflexionas sobre tu autoestima y dejas espacio para la paz, practica esta técnica de respiración.

La inhalación debe ser larga y lenta. Al exhalar, imagina que soplas en una varita de burbujas, con una exhalación larga y lenta. Repítelo cuatro veces con los ojos cerrados y el cuerpo relajado. Puedes hacerlo sentado, recostado o caminando.

Inhala confianza en ti mismo (largo y despacio).
Exhala vergüenza (largo y despacio).
Inhala paz interior (largo y despacio).
Exhala culpa (largo y despacio).
Inhala amor propio (largo y despacio).
Exhala dudas sobre ti mismo (largo y despacio).

4
Sana tu corazón

Al realizar este trabajo profundo y sanador podemos empezar a tomar aire y ver el mundo que nos rodea con más claridad. Todos nos enfrentamos a cosas que no se dicen ni se ven, algunas más pesadas de llevar que otras. Si algo me han enseñado la escritura y la sanación es que ser un humano implica un trabajo duro, y lo único que podemos hacer es dar lo mejor de nosotros mismos. Nos enfrentaremos a experiencias que permanecerán con nosotros, que nos dolerán y nos sanarán. Nuestro corazón se romperá, el dolor nos golpeará, pero, con las herramientas adecuadas, podemos encontrar la valentía para hacerles frente a las tormentas y seguir viviendo con gracia y alegría.

Llevamos la resistencia en la sangre, incluso cuando parece que estamos en nuestro punto más débil. Lo que más se me queda grabado es que no siempre tengo que estar bien. Mantener esta idea cerca de mí me recuerda que debo ver la humanidad y la sanación en los demás. El camino de cada uno para superar las emociones turbulentas, los grandes sentimientos y el dolor profundo es monumentalmente diferente.

Hace años yo vivía en un edificio de departamentos con una mujer que nunca parecía feliz. No era nada agradable al pasar. Se le conocía como "La señora malvada". La señora Paula, que se sentaba en la recepción, solía murmurar de ella en voz baja. Yo le sonreía y le hablaba cada vez que la veía. Tal vez yo era la persona más molesta ante sus ojos, pero no me importaba. Me miraba sin expresión en su rostro y rara vez me devolvía el saludo; si hablaba, lo hacía en voz baja y claramente por obligación. Generalmente tenía el rostro lleno de ira. Parecía dolida y abrumada. Su hija, de siete u ocho años, siempre desprendía la energía opuesta y se pegaba a su madre. Era casi como si estuviera encargada de protegerla de algo o de alguien.

A menudo me preguntaba por lo que estaría pasando la dama malvada, cómo se sentiría y qué le dolería. Esa experiencia repetida con mi vecina me hizo darme cuenta de que nunca sabemos por lo que está pasando la gente. Yo sentía en mis vísceras cada burla, cada mirada de soslayo y cada rechinar de dientes. Se me partía el corazón por ella.

"Deja de hablar con esa señora", me decía mi marido.

Yo me reía y decía: "No, algún día volverá a hablar". En secreto, me identifiqué y empaticé profundamente con ella porque conocía la sensación de llevar mi dolor en el rostro, de sentirme tan enojada que hubiera querido quemar edificios. Me había sentido tan defraudada por la vida que había querido gritar: "¡Al diablo contigo, tu alegría y tu vida perfecta!", a todos los transeúntes que se atrevían a mirarme.

A veces, la veía acercarse al elevador y dudaba en subir. Me imaginaba que pensaba: "Ahí está otra vez la idiota del tercer piso". Pero yo le abría la puerta de todos modos. Ella entraba de mala gana. Al final, dejé de saludarla y me limité a sonreírle. Pensé que podría ser cálida sin intentar egoístamente de obligarla a hablar conmigo.

Un día le sonreí y ella me devolvió la sonrisa. Casi me caigo de la sorpresa. Habían sido meses y meses de silencio y miradas de dolor. Ahora me preguntaba qué había cambiado, qué se había ablandado en ella. ¿Qué había pasado para que me devolviera la sonrisa? Me alegré mucho por esa desconocida y, extrañamente, me sentí hermanada con ella. Tentando un poco más a la suerte, le dije: "Bonito día, ¿verdad?". Hacía un día precioso. Aún no había demasiado calor y se sentía la brisa correr. Había nubes blancas y esponjosas flotando. Las flores de primavera empezaban a aparecer. Yo estaba de muy buen humor ese día y me gustó verla a ella también de buen humor. "Sí, hoy es un buen día", me dijo asintiendo con la cabeza y mirándome a los ojos. "Sí, lo es", le dije, radiante. Entré a mi departamento y le dije a mi marido: "¡La señora malvada me habló!". Estaba extasiada. "Y no creo que sea mala en sí, pero sí creo que está dolida".

Después sentí más curiosidad por ella y me pregunté si se había divorciado o si era viuda. ¿Tuvo que dejar su casa en otro estado para venir a vivir aquí? ¿Qué había presenciado que la destrozó? ¿Cómo rehacía su vida y volvía a empezar? En palabras de mi marido, yo estaba siendo metiche, pero realmente sentía curiosidad. Quería conocer su historia, pero no me atrevía a preguntar ni a cruzar ese límite. Seguí viéndola y sonriendo. Después de eso ya no volvimos a hablar, pero ella se mostró más cariñosa conmigo. Más abierta. Menos como si la sacara de quicio y más como si tuviéramos un entendimiento tácito de "te veo" y "gracias".

Después de un tiempo mi marido y yo nos mudamos del edificio, y a lo largo de los años me he preguntado muchas veces cómo estarán ella y su hija. Cada vez que me vienen a la mente rezo una pequeña oración y les envío una pequeña sonrisa. Me río cuando pienso en su disgusto por mí. Y me pregunto si ella cuenta historias sobre mí, la señora que siempre quería saludarla y sonreírle. Mi esperanza es que, aunque fuera por un instante, ella se sintiera conectada y consciente de que nunca estamos solos en esta vida, incluso cuando nos sentimos derrotados con cada paso que damos.

Comparto esta historia porque la compasión y la conexión son fundamentales para todo el trabajo que hacemos aquí. Conforme te comprometas con el trabajo de sanar tu corazón empezarás a ver más allá de tu propia experiencia y verás que todos cargamos con nuestra parte de dolor. Es interesante ser testigo de la sanación de un corazón —del aligeramiento de un espíritu— aunque sea a distancia y aunque no conozcamos íntimamente a la persona. Al dar testimonio del dolor y la sanación de los demás podemos ver nuestra propia sanación a un nivel más profundo e intencional. Recuerdo la belleza que puede presentarse cuando elegimos ser un espejo mientras caminamos por el mundo. Nos perdemos de muchas cosas si no estamos en sintonía o no somos conscientes de cómo nos movemos, vivimos y vemos nuestro entorno. Perdemos oportunidades de conectar, amar y sonreír al extraño en el elevador que puede necesitarlo. Nos perdemos el momento de ser introspectivos y agradecidos con nosotros mismos por haber llegado hasta donde hemos llegado.

Yo podría haber sido grosera con mi vecina. Mi vieja yo, que no había sanado, tal vez le habría devuelto la hostilidad. Pero eso no le habría aportado nada a ninguna de las dos. Lo que ella necesitaba era amabilidad, calma y alguien que la mirara. Sé que eso es cierto porque yo ya estuve en esa posición. Estuve tan endurecida y herida en un momento de mi vida que solo quería que alguien me viera y me sonriera con la mirada y con su lenguaje corporal me dijera que yo no estaba sola y que mi carga se aligeraría con el tiempo.

Sentirse solo es duro. Estar solo es duro. Y pensar que "la vida no va a mejorar" se agrava con las dos cosas.

Sanar nuestro corazón es mucho más que un acto solitario. Es un acto comunitario. Cuando sanamos les damos permiso a los demás para que también sanen. Predicar con el ejemplo, sobre todo después de haber atravesado las tormentas, es un regalo para el mundo que nos rodea. Es un reconocimiento a los que nos dan su testimonio de que la luz volverá a brillar, y aunque la vida se sienta pesada hoy, no será oscura ni solitaria para siempre.

Sanación lenta
Barb Schmidt

Soy una buscadora de la verdad. Enseño a las personas a ser dueñas de sí mismas al volver a casa consigo mismas. Como practicante de *mindfulness* y meditación, estoy aquí para ayudar a las personas a ver que su relación consigo mismas es lo que más importa en su vida, lo que será la base de todo lo que hagan.

Mientras yo crecía, mi vida era un desastre. Mis papás eran alcohólicos y se peleaban todo el tiempo. Teníamos muy poco dinero. Era la mayor de cinco hermanos y me sentía la menos querida. Desde el principio de mi vida sentí que debía ser adulta, así que nunca me sentí como una niña.

Crecí sintiéndome aislada. Nadie podía venir a casa, salvo la familia, y no tenía amigos en la escuela. Cuando mi mamá bebía, yo nunca sabía lo que me esperaría al volver a casa después del colegio. En mi mente, todo el mundo en la escuela tenía una vida perfecta, así que sentía que debía mantener a mi familia en secreto. No quería que nadie viera el tipo de vida que llevaba de niña.

Lo único que me ancló fue mi fe católica. Pensaba que si lo hacía todo bien, Dios me aprobaría. Pero cuando tenía 13 años mi vida cambió. Mi tío adulto se mudó a vivir con nosotros y abusó sexualmente de mí.

Cuando éramos pequeños no teníamos dinero, así que comíamos mucho en restaurantes de comida rápida. Recuerdo que íbamos a McDonald's porque en ese entonces te regalaban una hamburguesa sencilla o una con queso por cada calificación alta en la boleta. Yo siempre me esforzaba por sacar calificaciones altas. En una visita a McDonald's, un cartel en la puerta decía: "Se solicita ayuda".

Me presenté, tenía 14 años. Me contrataron y eso cambió mi vida. Llegué a tener cinco trabajos: lavaba el pelo en una peluquería, trabajaba en McDonald's, repartía periódicos, trabajaba en una tienda de ropa y limpiaba la casa de mi profesor de Español. Hacía cualquier cosa que me permitiera salir de casa, ganar dinero y alejarme de los malos tratos. Recuerdo que pensaba que había dos partes de mí: una persona que prosperaba y otra que sufría y estaba traumatizada.

La única forma de seguir adelante era fingir que no pasaba nada. Si me detenía o iba más despacio, los sentimientos se volvían abrumadores. Me centré por completo en el trabajo e intenté bloquear la vergüenza y el asco hacia mí misma. Siempre quería estar trabajando. Si podía estar en el trabajo todo lo posible, todo saldría bien. Era como si tuviera dos vidas separadas y fingía que mi vida familiar no era real.

A pesar de mis traumas y mi dolor, era la mejor empleada. Todo el mundo me quería en McDonald's, y yo a ellos. En el trabajo todo era maravilloso. Ganaba dinero y se lo daba a mis padres para llegar a fin de mes. Pensé que ese sería mi camino hacia el éxito: ser la mejor en mi trabajo y asegurarme de caerle bien a la gente.

Mi vida cambió cuando tenía 16 años y en McDonald's me ascendieron a gerente. Con mi nuevo sueldo, por fin tenía dinero suficiente para mudarme. Me gradué pronto de la preparatoria y me mudé a mi propio departamento. Trabajaba siete días a la semana, tantas horas como podía. Durante un tiempo pensé que me iba bien por el reconocimiento que recibía por ser una buena empleada. Medía mi éxito por lo bien que le caía a la gente que me rodeaba. Ni siquiera me pasaba por la cabeza pensar en lo poco que yo me gustaba a mí misma.

A finales de los años setenta, si ganabas y ahorrabas lo suficiente como empleado de McDonald's, la Corporación McDonald's te financiaba la propiedad de un restaurante por tres años. Acabé siendo dueña de mi propio restaurante a los 22 años.

Fui una de las primeras mujeres en tener esta oportunidad. Fue mi vía rápida para adoptar tendencias más arraigadas de complacer a la gente. Todo lo que ocurrió en mi interior, agravado por el trauma, se transfirió a ser todo lo que podía ser en el mundo exterior, porque eso era lo que más importaba.

Cuando tenía dos años, un día un supervisor me llevó un premio. Me dijo: "Barbara, estamos muy contentos con tu trabajo. Nos encanta todo lo que haces. Personalmente, puedo decir que realmente amas lo que haces porque has engordado desde que te conozco".

La última frase fue todo lo que oí. No escuché nada más. El comentario sobre mi peso me devastó. Dejé el premio en la tienda. Ni siquiera sé qué fue de él. En mi mente, sus palabras fueron: "No eres lo bastante buena porque estás gorda".

Desarrollé el trastorno alimenticio de la bulimia. Sufrí bulimia durante unos seis años, hasta que ya no pude lidiar con eso sola. Una mañana, desperté y no podía levantarme de la cama. Recuerdo que me dije: "No voy a ir a trabajar". Nunca había faltado al trabajo ni había llamado para decir que estaba enferma. Una voz en mi cabeza me dijo: "Barbara, si no buscas ayuda, vas a morir".

Los traumas y el dolor que había guardado en cajas estaban a punto de reventar. Ya no podía ocultarlos. Sabía que necesitaba ayuda. Abrí el periódico, donde apareció una noticia sobre la muerte de Karen Carpenter el año anterior por anorexia, y en el reverso de la página había un anuncio de un centro de tratamiento en Naples, Florida.

Llamé y pregunté si podía internarme. Reuní fuerzas, manejé hasta Naples y me interné. De inmediato pensé que había cometido un terrible error. Me pusieron en una habitación individual con una sola cama, sin televisión, sin teléfono, sin distracciones. Me dijeron que no podía llamar a casa en seis semanas. Estuve allí, sola, ocho semanas. Mi primera noche allí lloré. Tenía miedo, pero por primera vez también me sentí libre. En el centro de tratamiento estaba desconectada por completo de las noticias y de todo lo que ocurría en el mundo. Dejé atrás mi vida. Fue un alivio tener este respiro de siempre intentar estar a la altura de lo que los demás pensaban que yo debía ser, parecer y actuar. Entonces empezó mi sanación.

En terapia comencé a desentrañar el sufrimiento emocional, el abuso, el trauma y la desconexión de mí misma. Joyce, mi terapeuta, me salvó la vida. Me animó a abrirme y hablar de mis emociones. Durante el tiempo que pasé con ella, me di cuenta de que estaba tan entumecida que no podía sentir. Reflexionar era algo complicado para mí, era un reto. Durante mucho tiempo no tuve emociones qué sentir. Hablando con Joyce, empecé a soltar todos los miedos y ansiedades que había estado cargando durante más de la mitad de mi vida. Antes de eso, había vivido por completo en mi cabeza.

Joyce me dijo que lo que había pasado con mi tío no era culpa mía. Me preguntó si quería enfrentarme a mi tío por lo que había sucedido o si quería contárselo a mis padres. Dije que no, y ella de inmediato respetó mi elección y dijo: "Puedo sentir que estás recibiendo lo que necesitas, y hay maneras en que puedes continuar, sin decírselo a ellos. Puedo ver que esto no sería lo mejor para ti ni para ellos".

El tratamiento incluía yoga, terapia de grupo, alimentación consciente, meditación y ejercicio regular. Una parte importante de mi proceso de sanación fue encontrar una comunidad de personas a la que sintiera que pertenecía. Después de ocho semanas, dejé el centro y seguí yendo a las reuniones de Alcohólicos

Anónimos y a los grupos de apoyo. Encontré formas de incorporar el yoga, la terapia, la meditación y el ejercicio a mi rutina diaria. Lo último que quería era volver a ser la persona que era, así que hice de todo. Tenía un padrino con el que hablaba todos los días y me apasionaba seguir en recuperación. La sanación fue un proceso lento que me llevó al trabajo que hago hoy.

Llevo décadas yendo y viniendo a terapia, y siempre me sorprende que cuando empiezo con un terapeuta, al final de la primera sesión todos vuelven al trauma con mi tío y me dicen que tengo más trabajo que hacer ahí. Estoy muy agradecida por la persistencia de mis terapeutas y por su genialidad al saber que un trauma como este requiere muchos años de sanación, porque hay una capa tras otra que desenterrar para finalmente liberar el verdadero dolor.

Sanar nuestras heridas profundas es como pelar las capas de una cebolla. La herida se va haciendo cada vez más pequeña, pero hasta que no podamos llegar al núcleo del dolor, seguirá habiendo una carga emocional en torno a lo sucedido. Y lo que da miedo es que esa carga aparece de formas inesperadas e irracionales en nuestra vida cotidiana (como gritarle a mi hija sin motivo, sentirme menos que nadie en un almuerzo donde soy la oradora invitada o sentir soledad en medio del día más feliz de mi vida). Cada vez que hablaba de mi tío con un terapeuta, sacaba los sentimientos y pelaba otra capa. Y entonces, por fin, llegué al núcleo.

Este fue un momento realmente poderoso. Todo cambió para mí. Fue como si un terremoto abriera la tierra y se tragara el último pedazo de mi vergüenza, culpa y desprecio hacia mí misma. En ese momento pude sentir que había cambiado para siempre, desde dentro hacia fuera. Recuerden que crecí en un hogar en el que, desde que tengo uso de razón, o cuidaba de mis hermanos pequeños o trabajaba; no tenía una "vida de niña" y nunca jamás me había visto a mí misma como tal. Siempre me sentí como una adulta que podía cuidar de sí misma y sabía que no debía tomar las decisiones que tomaba, así que pensar en el pasado e imaginarme como una menor, una niña de 14 años, como mi hija, literalmente me revolvió por dentro.

El perdón no es un regalo para la otra persona. En el fondo, no tiene nada que ver con nadie más que contigo. El perdón es algo que haces por ti mismo, para que el pasado deje de tener un control sobre ti. Pero no tienes que llegar a un punto de perdón total para experimentar los beneficios. Estos suceden a cada paso del camino. Como dice mi hija, Michelle Maros: "Perdonar no significa que lo que pasó estuviera bien. Significa no dejar que lo que pasó te quite más felicidad".

Una herramienta que usé para sanar fue la escritura de mantras. Para cada sesión de escritura de mantras escribía mi preocupación o problema en la parte superior de la página. En este caso, solo escribía la palabra "tío". Me proponía perdonar y liberar toda la energía que me mantenía atada a lo sucedido.

Escribía mi mantra, "Mi Dios y mi Todo", una y otra vez, concentrando en él toda mi atención. Cada vez que mi mente empezaba a divagar, volvía a mi mantra y a mi intención de sanar del trauma con mi tío.

Cuando empecé esta práctica, me emocionaba y pensaba que él no merecía mi perdón. Me preguntaba si realmente necesitaba hacerlo. Pero entonces comencé a entender que este proceso no era sobre perdonarlo, sino sobre perdonarme a mí. A veces surgían recuerdos y emociones difíciles. Algunos días solo podía escribir un par de líneas y otros llenaba cuatro o cinco páginas. Parte de la sanación para mí fue la constancia en volver cada día a mi intención de perdonar y seguir adelante. Escribir mantras me ayudó a sentarme con las emociones y a no huir. Poco a poco sentí que me liberaba.

Hoy me siento libre de lo que me pasó. Cuando surge el tema del abuso sexual ya no siento que eso me detona. La última pieza de mi viaje de sanación fue perdonarme a mí misma. Pude liberarme de la idea de que había algo malo en mí.

Sano por medio de la meditación.
Sano por medio de la terapia.
Sano por medio de la escritura.
Sano por medio de la enseñanza.

Barb Schmidt *es autora, profesora de meditación y activista.*

Ve hacia donde te sientas bien

Hace unos años empecé a caminar todos los días. Hacerme la promesa de caminar y cumplirla era una prueba del crecimiento que había experimentado a lo largo de los años. En ese momento todo me resultaba pesado y exigente, y no encontraba la manera de darme ningún tipo de alivio. La vida estaba repleta, el trabajo era ajetreado y yo luchaba por estar y mantenerme presente. La lectura de *Do Walk*, un libro sobre cómo empezar a caminar con regularidad, activó un interruptor en mí. Decir que fue transformador sería quedarme corta. No tenía ni idea de que alteraría mi relación con mi cuerpo, mi mente y mi sanación. Empezar a caminar era la última cosa en mi radar que pensaría que podría cambiar de forma monumental cómo me presento ante mí misma, pero no hace falta decir que he cambiado para siempre y desde entonces he aprovechado mi sanación en un nivel aún más profundo. En mis paseos, he llorado, me he reído para mis adentros y he encontrado la paz. Emocionalmente, han surgido cosas durante cada paso, las cuales no creo que hubiera podido procesar estando sentada. Reconectar conmigo misma cada día era el regalo que necesitaba.

Caminar me despeja la mente y me abre nuevas vías y caminos de vuelta a casa. El silencio es liberador, la naturaleza es fascinante y el tiempo suscita emociones diferentes cada día. Incluso en mis peores días, camino. La constancia me ayuda a redirigir mi energía y me recuerda que debo dar la bienvenida a la gratitud en mi espacio. También me recuerda que debo seguir caminando. Cuando estoy en medio de un paseo y ya quiero estar en casa, no hay un camino rápido de vuelta; incluso si decidiera ir deprisa o corriendo, no hay una forma fácil de evitar volver a casa. Cada paseo me recuerda que debo seguir poniendo un pie delante del otro. Miro la sanación a través de un lente similar. Volver a casa conmigo misma es un proceso paso a paso. Acelerar no me acercará más a mí misma, porque si acelero me perderé cosas en el camino.

Caminar a través de mis pensamientos se ha convertido en mi práctica habitual. Antes de escribir, camino. Cuando estoy al aire libre, observo los detalles más pequeños de la naturaleza. Miro más hacia arriba. Pongo mucha atención en cómo me siento, cómo me muevo y cómo soy en ese momento. Cuando vuelvo a la página, me siento llena de nuevas percepciones y de gracia por cada lugar en el que he estado, no solo por el paseo de esa mañana.

Enfrentarme a mis puntos de dolor y sensibilidad mientras me muevo y respiro con intención me recuerda que hay sanación en las cosas sencillas. No siempre tenemos que estar sobre un zafu meditando o de rodillas rezando para encontrar las respuestas que buscamos. Habrá momentos en los que debamos poner un pie delante del otro, lenta y compasivamente, sin destino a la vista. La autora de *Do Walk*, Libby DeLana, que desde entonces se ha convertido en una amiga, escribe: "Ve con cuidado, despacio, mira hacia arriba y aprende con humildad". Sus palabras me vienen a la mente seguido mientras camino más hacia mi sanación y más cerca de mí misma. Cuando no puedo procesar mis pensamientos sobre el papel, camino y animo a mi mente a ir donde se sienta bien. Cuando le damos la bienvenida a una sensación de tranquilidad en nuestra vida nos liberamos de la presión de intentar resolver nuestros problemas de inmediato. Caminar invita a todo mi ser a estar completamente presente, atendiendo mis sentimientos, pensamientos y emociones con más suavidad y consideración. También me recuerda que estoy segura de mí misma y que puedo confiar en el camino que sigo.

Sanar nuestro corazón requiere mucho de nosotros. Antes de encontrar nuestro equilibrio podemos sentirnos desorientados. Mi consejo para ti, conforme avanzas en tu sanación, es que crees una práctica en tu vida que te traiga paz. Permite que esa práctica extienda un sentido de conexión con tu historia pasada, presente y futura. No siempre debes estar en profundo procesamiento. Acoge con alegría los momentos lentos y tranquilos de sanación que no requieren de grandes esfuerzos. Quizá también quieras empezar a caminar de forma intencional, o tal vez tu paz provenga de la pintura, la cocina, la jardinería o el *jiu-jitsu*. Sin importar cuál sea tu camino, ofrécete el espacio y el tiempo necesarios para estar presente y plena sin tu lista de tareas pendientes. Crea un espacio para ti en el que puedas sentirte bien.

No podemos huir eternamente de las cosas que nos asustan. No nos sirve de nada apresurar nuestro proceso porque queremos que ya termine. Podemos intentar evadir el trabajo duro, pero, ¿de qué nos servirá? No podemos reprimir nuestro dolor y esperar no derrumbarnos un día de estos. Más bien, encontrar lo que nos hace sentir bien y seguros en este viaje de sanación es fundamental para progresar. Si no puedes escribir porque sientes que la voz se te atora en la garganta, haz otra cosa que te dé una sensación de pertenencia, refugio y consuelo. Haz tuya la práctica de la sanación. No siempre tienes que desgranar las profundidades de tu alma sobre la página. A veces solo necesitas un lugar suave donde aterrizar, que restaure tu mente y tu cuerpo y te asegure que puedes superarlo.

Podemos sentirnos atorados en nuestros esfuerzos por sanar y enfrentar las cosas difíciles que surgen. La siguiente práctica te ofrece una forma de desatorarte cuando el camino se siente precario.

Escribe en tu diario

Cartas para ti mismo

Sanar nuestro corazón requiere que seamos más amables con nosotros mismos. Cada semana del mes te invito a escribirte una carta amable para ti mismo. Elige un día a la semana —a mí me gusta escribir mis cartas los domingos— y dedica un tiempo intencional a encontrarte contigo mismo exactamente donde estás.

Tal vez hayas atravesado una semana difícil y quieras aprovechar la adversidad para reflexionar sobre cómo puedes apoyarte en los días siguientes. O tal vez tuviste una semana fantástica y te permitiste sentir y celebrar todo lo que surgió. Usa estas cartas como una oportunidad para acercarte más a ti mismo.

A continuación encontrarás algunas sugerencias para escribir libremente. No te edites. Simplemente fluye.

Querido yo, gracias por ser...
Querido yo, estoy orgulloso de ti por...
Querido yo, sé que las cosas se sienten...
Querido yo, mereces...

Capas de la sanación
Tabitha Brown

Alex Elle: ¿Quién eres y a qué te dedicas?

Tabitha Brown: Soy Tabitha Brown. Soy esposa, mujer, madre y creyente. Difundo amor siendo yo misma y siendo libre. Algunos dirían que soy una artista. También soy actriz y aficionada a la gastronomía.

AE: ¿Cómo se ha manifestado la sanación en tu vida? ¿Hubo algo en particular que te haya impulsado a realizar la mayor parte de la sanación?

TB: Creo que la sanación es un viaje. No es un destino permanente. Es algo continuo. La sanación empezó para mí en 2016, cuando me enfermé. No estaba bien por dentro. Algo estaba atacando mi cuerpo; era una enfermedad autoinmune. Los médicos no podían diagnosticar o averiguar lo que me pasaba. Durante ese tiempo, sentí que mi mente también estaba bajo ataque. La depresión y la ansiedad eran muy fuertes en mí. En 2017, después de tener lo que yo llamo mi llamada final con Jesús en mi baño, dije: "Dios, si me sanas, puedes tenerme. Ya no intentaré vivir mi vida a mi manera. La viviré de la forma en que tú me creaste para ser".

Ese día lo dije en serio. Y cada día desde entonces ha sido como quitarme capas. Siento que parte de la enfermedad de mi cuerpo sucedió porque yo no estaba siendo mi auténtico yo, así que no podía respirar. Mi verdadero yo no podía respirar. Se estaba asfixiando.

En el momento en que empecé a quitarme esas capas y a tomar la decisión de sanar y ser libre, toda mi vida empezó a cambiar. Y lo he estado haciendo desde entonces. Lo mejor que me he dado ha sido la libertad de ser. Eso en sí mismo es sanador. Nunca dejaré de sanarme. Estaré sanando hasta el día en que me vaya de aquí. Es mi obligación permanecer en un espacio de sanación.

AE: Hablaste de ir quitando capas. ¿En qué capa estás ahora?

TB: Estoy en la capa de la comprensión. Cuando pasas por cosas complicadas no entiendes por qué, pero una vez que las superas y llegas a un nuevo lugar en tu vida, encuentras la paz y tienes una nueva visión al mirar atrás. Con frecuencia nos damos cuenta de que ciertas cosas debían pasar para enseñarnos algo. Estoy en ese nivel de comprensión porque la gente mira mi vida y dice: "Estás viviendo tus sueños y todas estas cosas increíbles están sucediendo".

Están pasando cosas asombrosas y estoy muy agradecida. Pero ahora veo claramente por qué Dios me hizo pasar por estas diferentes fases de la vida. No siempre entendí el camino por el que iba. Ahora sé que lo que atravesé me llevó a esta parte de la comprensión. Ahora me emociono con las capas de mi vida porque surgen nuevas lecciones conforme las voy retirando.

AE: ¿Qué acontecimiento durante la pandemia te impulsó a profundizar en tu sanación?

TB: La primera vez que entré en TikTok fue durante la pandemia. No quería entrar porque es una aplicación para jóvenes, pero mi hija me convenció. Acabé entrando en la aplicación y empecé a hacer mis videos de cocina. Un día hice un video inspirador que resonó con la gente.

Miré los comentarios y la efusión de amor fue asombrosa. La gente decía cosas como "Ese mensaje era para mí" y "Tu voz suena como un cálido abrazo". Todos esos comentarios me hicieron darme cuenta de que cuando animamos a los demás, también nos animamos a nosotros mismos. Hacer videos inspiradores me ayudó a ayudarme a mí.

Asumí la responsabilidad de hacer estos videos que consideraba necesarios para el mundo. En una época en la que todo daba mucho miedo, decidí mostrarme a los demás y a mí misma, y lo hice todos los días. Hacía un video cocinando o inspirando a otros, haciendo reír o llorar a la gente. Hacer videos fue muy gratificante porque me enseñó a tener paciencia. Me enseñó a estar quieta. Me enseñó a escuchar aún más. Y me enseñó sanar a los demás a través de mí.

Hay belleza y poder en hacer que la gente se sienta mejor. En un momento de mi carrera no hacía un trabajo del que me sintiera orgullosa. Trabajaba porque necesitaba dinero. Pero hacer esos videos me hizo sentir orgullosa y sanó la parte de mí que solía sentir vergüenza por algunos de los trabajos que hice en el pasado y que no significaban nada. Tuve que llegar a un punto de comprensión, que es la capa en la que me encuentro ahora. Si nunca hubiera hecho cosas de las que no estuviera orgullosa, no entendería la plenitud que siento ahora por hacer algo bueno que es sanador. Eso es lo que descubrí, y me hizo mejor como mujer, como esposa, como madre. Ahora me siento más arraigada en mi propósito.

AE: ¿Qué modalidades creativas usas para sanar?

TB: Hablo con mi madre como si estuviera aquí. Antes de que mi madre falleciera me dijo que estaría donde yo la llamara. Me dijo: "Siempre que necesites soltar algo o hablar conmigo o sentirme, puedes empezar a hablar y saber que estoy ahí contigo". Así que cuando las cosas van bien, hablo con mi madre. Y cuando no van tan bien, sigo hablando con ella, esté donde esté. Encuentro consuelo en esa conversación que tuvimos y recuerdo que ella siempre está ahí, donde sea que la llame. Eso me ayuda a sanar en los momentos en que lo necesito. Hablar con mi madre e invocar su espíritu es una herramienta que uso continuamente para atravesar la sanación y el duelo. Es mi forma de celebrar su existencia y reconocer que sigue conmigo.

AE: ¿Ha cambiado tu relación con Dios y tu fe desde que murió tu madre?

TB: Mi fe se fortaleció cuando murió mi madre. Tenía ELA [esclerosis lateral amiotrófica, también conocida como enfermedad de Lou Gehrig] y sabíamos que iba a morir. Al final de su vida estaba atrapada en su cuerpo. Solo podía mover los labios y los ojos. Falleció un domingo. El viernes anterior pasé la noche con ella en el hospital. Cuando me desperté ese viernes por la mañana me hizo un gesto con los labios para decirme que se iba a casa el domingo. Pensé que el médico había entrado y le había dicho que le daban el alta mientras yo dormía. Le pregunté: "¿El médico te dijo que ya te vas a casa el domingo?". Le leí los labios con atención y me dijo que no. Miró al cielo, como diciendo: "Me voy a casa, al cielo, el domingo".

Mi madre estaba con respiración asistida y yo tenía poder notarial, así que le pregunté: "Mamá, ¿estás segura de que quieres desconectarte de la máquina?". Y ella dijo: "Sí, Dios dijo que ya es hora".

Mi madre me encargó que llamara a todos sus familiares y amigos para que la vieran antes de irse a casa. Cuando llegó el médico, le di la noticia. Me dijo que nadie debía estar en la habitación porque sus últimos momentos de vida serían inquietantes y empezaría a tener convulsiones. Mi madre dijo que no. Quería que todos estuvieran en la habitación con ella. Ella refutó lo que el médico dijo que pasaría.

Cuando llegó el domingo, se apagaron las máquinas y las luces. Treinta personas nos reunimos en la sala para cantar canciones y celebrar su vida. Hubo mucha paz durante todo el tiempo, tanta que ni siquiera nos dimos cuenta de que había muerto.

Nunca jadeó. Nunca tembló. No hizo nada. Solo sonreía. Los médicos estaban estupefactos. Esta experiencia me hizo más creyente en mi fe y en Dios. Estoy muy conectada con el otro lado.

AE: ¿Cómo te ayuda a recargarte el tomar un descanso del proceso de sanación?

TB: Cuando te conoces a ti misma y sabes lo que quieres, y lo que puedes manejar y lo que no, puedes tomarte un minuto para hacer una pausa y reflexionar. Estoy muy conectada conmigo misma y siempre me pongo en primer lugar. Sé cuándo las cosas no son buenas para mí y cuándo están perturbando mi espíritu, y entonces me doy el espacio para descansar y sanar. Cuando las cosas persisten o me molestan no las ignoro ni actúo como si no existieran. Hablo de ellas y las enfrento para no dejar que vivan dentro de mí, porque no tengo que cargar con todo. El descanso emocional consiste en aprender a ver lo que es tuyo y lo que no lo es. Cuando nos aferramos a cosas que no nos pertenecen eso puede perturbar nuestro descanso a nivel físico y emocional. Estar por completo conectada y abierta conmigo misma sobre quién soy me aporta la paz interior, el descanso emocional y la claridad que necesito en la vida.

AE: ¿Cómo te sanas?

TB: Me sano siendo fiel a mí misma.

Tabitha Brown *es actriz, escritora y personalidad de las redes sociales.*

Crece en gratitud

A finales de 2020 tuve un ataque de ansiedad que me llevó por el camino del insomnio, jalarme el pelo y el caos interior más absoluto. Me sentía completamente perdida, sin ningún lugar a dónde ir. Hacía años que no me sentía tan deprimida, agotada y abrumada. Incluso cuando sentimos que las cosas no pueden estar peor, empeoran. Lo único que recordaba hacer era sentirme agradecida por haber sobrevivido un día más, e incluso eso me resultaba difícil. Sé que puede sonar como un cliché, pero cuando sientes que no te queda nada, aún te queda el aliento. Aferrarme a esa perspectiva me dio el más mínimo atisbo de esperanza.

La sanación durante este tiempo adquirió una forma totalmente nueva. Ya había tocado fondo antes, pero esta vez estaba casada, tenía tres hijos, una carrera floreciente y muchas más cosas de las que ocuparme. Intentar sanar me parecía absurdo. Había demasiadas cosas que hacer primero.

Así que decidí empezar poco a poco. Mi primer paso para aliviar mi dolor fue empezar a hacer una lista de agradecimientos diaria.

Lo segundo fue hablar con mi médico sobre las opciones de medicamento. No podía seguir acallando mi dolor con la esperanza de "mañana estaré bien". Habían pasado meses y el mañana nunca llegaba. Algo debía cambiar.

Al principio, me enojé conmigo misma por tener que empezar de nuevo. No dejaba de escuchar la voz de mi crítica interior:

Si te hubieras cuidado desde el principio, no estarías aquí.

Te encanta superar tus límites, ¿verdad?

¿Por qué no puedes aprender de tus errores pasados? ¿Qué te pasa?

Acallar ese diálogo interno negativo requirió mucha paciencia. Había días en los que quería rendirme, quedarme en la cama y desvanecerme en el aire. Levantarme era una lucha. Estar presente era casi imposible. Tener una mente de principiante no me parecía una bendición; de hecho, me parecía todo lo contrario. Pero si algo me ha enseñado la sanación es que debo estar abierta al aprendizaje.

Practicar la gratitud cambió mi vida para mejor. Con la ayuda de mi medicamento y mi diario empecé a ver la luz en las pequeñas cosas, como tener energía suficiente para salir de la cama o comer alimentos nutritivos. Algunos días esos fueron grandes logros para mí. La depresión y la ansiedad me habían hundido tanto que pasaba los días flotando. Estaba tan alejada de mi vida que no recordaba haberme despertado ni haberme ido a dormir.

Durante este tiempo, encontré un libro llamado *Wake Up Grateful*, de Kristi Nelson. Me ayudaría aún más a convertirme en una versión más sana y presente de mí misma. Hay una frase en ese libro que nunca olvidaré: "La gratitud es genial, pero el agradecimiento es aún mejor. El agradecimiento es una forma de ser que nos ayuda a centrar nuestra atención y navegar por la vida con la gratitud como brújula". Reformular lo que yo creía que significaba ser agradecida y expresar gratitud reorganizó por completo mis pensamientos. Lo había estado haciendo todo mal. No estaba centrada. No estaba presente. Y por eso, no era capaz de ver mi camino ni de confiar en los desvíos. Cuando expresamos gratitud por lo que tenemos, incluso en nuestras oleadas de ansiedad y tristeza, aprendemos a sobrellevarlo un poco mejor. Aprendemos a aguantar un poco más.

Ese pasaje me abrió los ojos a la posibilidad de estar presente y al mismo tiempo sufrir. Me recordó la dualidad que la vida nos ofrece a diario. Cuando se trata de sanar no hay blanco o negro. Gran parte de nuestra sanación tiene lugar en el punto medio. Les digo a mis alumnos y pacientes que se sientan cómodos al estar en medio de la sanación, porque ahí también hay algo que aprender. No siempre debemos desenredarnos para experimentar nuestra sanación. No siempre debemos superar ese gran obstáculo para experimentar la plenitud. En algunos momentos deberemos sentarnos en medio y estar bien con no tener nada más que hacer que estar allí, quietos y agradecidos.

Sentirme envuelta por la oscuridad fue una clara invitación a mirarme activamente y estar presente conmigo misma. Había tantas cosas que necesitaban mi atención, como la constante deshonra de mis límites personales. Había días en los que escribía: "Doy gracias por no haberme abandonado hoy" o "Doy gracias por haber respetado mis límites". Esos breves pasajes me atraían y me pedían que viera más de cerca lo que me había devuelto a mi lugar oscuro. Mi práctica de la gratitud no era algo superficial ni forzado, era mi salvavidas y el estímulo que necesitaba para ver a la cara a mi confusión interior y decirle: "Te veo".

Alice Walker dijo una vez: " 'Gracias' es la mejor oración que alguien puede decir... [Expresa] gratitud extrema, humildad, comprensión". Quería encarnar eso en mí. Con frecuencia les damos las gracias a los demás, pero rara vez mantenemos una actitud de agradecimiento hacia nosotros mismos. Había estado haciendo tantas cosas sin ponerme ni un ápice de atención a mí misma, ya no digamos ofrecerme el regalo de la gratitud. Casi como si me ignorara a mí misma para mantenerme conectada y comprometida con los demás. No había equilibrio entre darme prioridad a mí y atender a quienes me rodeaban. Era la prueba viviente de que centrarse en una cosa y sacrificarse al final del día no le sirve a nadie. La práctica de la gratitud me mostró cómo enfocar mi vida y poner atención a los pequeños momentos de alegría, no solo a los grandes. Si no ponemos más atención, nos perderemos lo que tenemos delante.

La gratitud es ahora el centro de mi práctica de cuidado personal. Me hace responsable y me mantiene presente. Me invita a ser curiosa y me recuerda que no debo dar por sentada la única vida que tengo. Al atravesar esta época oscura de la vida me recordé a mí misma que cuando estoy afligida o sufro sigo siendo digna y agradecida. Puede sonar contradictorio estar agradecidos por nuestras luchas, pero sin ellas no conoceríamos la resiliencia. Conocer la alegría es conocer el dolor y, como enseña el budismo, vivir es sufrir. La gratitud nos empuja a recordar nuestra vitalidad para que podamos conocer la alegría y reconocerla cuando aparece. Cuando no estamos en sintonía con nosotros mismos no estamos lo bastante vivos como para sentir, ver y escuchar todo, lo bueno y lo doloroso.

La gratitud no consiste en hacer un inventario de las cosas buenas. Se trata de dejar espacio en el corazón, la mente y el cuerpo para experimentar lo mundano. Vivir de forma plena y con intención es una invitación a darle prioridad a tu propia vida, a asegurarte de que te estás dando el tiempo y el espacio necesarios para convertirte en quien deseas ser. Nos perdemos cosas cuando caminamos con la cabeza agachada. No podemos ver la esperanza si nos negamos a desengancharnos de lo que creemos saber acerca del dolor al que nos aferramos. Sí, siente todos tus sentimientos, y también permítete descansar de intentar averiguar cómo no sufrir. Los momentos difíciles a los que te enfrentes no serán los últimos. La gratificación de superarlos te saludará una y otra vez. No desacredites lo lejos que has llegado cuando estés en medio de todo.

Conversación

Treinta días de gratitud

Comienza una lista de gratitud en tu diario o en tu teléfono, y cada mañana y cada noche escribe algo por lo que estés agradecido. Invita a un amigo a hacer este ejercicio contigo durante los próximos 30 días. Envíale un mensaje de texto o llámalo por teléfono brevemente para compartirle lo que agradeciste cada día. Toma nota de cómo te sientes al inicio del día uno y al final de los 30 días. Hablen sobre lo difícil o fácil que fue mantener la práctica. Observa qué palabras o cosas aparecieron varias veces. Reflexionen juntos sobre el motivo. Este ejercicio te invita a ti y a tus seres queridos a poner atención no solo a su estado de ánimo, sino también a su vida. Sanar nuestro corazón es un trabajo lento y constante; celebra las formas en las que has evolucionado comprometiéndote con esta práctica.

Meditación

Gratitud por las dificultades

En esta práctica, experimentaremos la gratitud por las cosas difíciles que nos ofrecen oportunidades para profundizar en nuestra sanación. Busca un lugar cómodo para sentarte o recostarte. Recuerda un momento que te haya supuesto un reto. Tal vez tuviste una conversación difícil con un ser querido o tuviste que defenderte en el trabajo. O tal vez, como yo, pasaste por un momento difícil con tu salud mental. Permítete pensar de forma intencional en ello y dale la bienvenida a lo que te venga a la mente con un sentimiento de gratitud. Si te resulta difícil, cierra los ojos y respira hondo. Solo eso ya es una forma de expresarte gratitud a ti mismo.

(Inhala)
Estoy agradecido por poder mantener el espacio y respirar a través de esta situación tan difícil.
(Exhala)

Sanación en los viajes
Sara Kuburic

Alex Elle: ¿Quién eres y a qué te dedicas?

Sara Kuburic: No sé por qué esta es una pregunta difícil. Intentar resumir quién soy es difícil. Cuando reflexiono sobre quién soy, lo que más habla de quién soy es que vivo como nómada. Me apasiona defender la salud mental y me encanta apoyar a otras mujeres para que alcancen sus objetivos. Profesionalmente, soy terapeuta existencial, consultora y escritora.

AE: ¿Cómo se ha manifestado la sanación en tu vida? ¿Y hubo algo en particular que te moldeó?

SK: Al principio, la sanación sucedió por accidente. No me di cuenta de lo herida que estaba hasta que empecé a sanar. Mi sanación comenzó a surgir mientras viajaba. Hay muchos clichés sobre los nómadas y reconozco el increíble privilegio de vivir así. Cuando empecé a viajar, tenía 800 dólares y no tenía idea de a dónde iba o qué estaba haciendo. Lo único que sabía era que la versión de mí misma que estaba viviendo no era yo y que el dolor que experimentaba no podría enfrentarlo ni manejarlo si me quedaba en las mismas circunstancias. Y así, a los 20 años, decidí viajar. Lo más sorprendente es lo mucho que eso me sanó. Mirando hacia atrás, creo que empezó como una forma de evasión y luego se convirtió en algo muy intencionado que me convirtió en la versión de mí misma que soy hoy.

AE: ¿Qué te ha enseñado vivir como nómada acerca del cambio y tu capacidad para sanarte en distintos lugares?

SK: Al principio me resultó difícil. No lo disfrutaba porque había muchos cambios y me sentía sin un anclaje. Al final esta vida me obligó a anclarme en mí misma porque era lo único consistente que tenía. Eso fue poderoso para mí porque no podía usar mi rutina, contexto o sistema de apoyo. Al principio no tenía un sistema de apoyo conmigo cuando viajaba. Y eso me obligó a centrarme en mi relación conmigo misma de una forma que, en aquel momento, era muy incómoda. También me detonó de maneras únicas. Soy de los Balcanes, así que ser una mujer blanca y experimentar culturas diferentes me abrió los ojos. Por ejemplo, mi experiencia es muy diferente cuando estoy en Francia que cuando estoy en Jordania. Esto fue importante porque me obligó detenerme, mirarme a mí misma y ser consciente de mis privilegios. Las diferentes culturas también trajeron consigo distintas visiones del mundo, desde religiones hasta diversas perspectivas sobre la salud mental y la sanación. Y experimentar todo esto me animó a no ser tan cerrada. Cuando tenía veintitantos años pensaba que lo sabía todo. Como la mayoría de la gente de esa edad, asumes que sabes más cosas de las que realmente sabes. Viajar fue una forma hermosa y necesaria de darme cuenta de lo poco que sabía. Hubo un gran elemento de deconstrucción que me ayudó a sanar. Necesitaba deconstruirme para tener espacio suficiente y así construir lo que quería ser.

AE: ¿Qué modalidades creativas has usado para sanarte?

SK: Ahora escribo acerca de todo. Pero cuando era más joven solía bailar y escribir poesía. Bailar me ayudaba a sentirme encarnada, enraizada y en expresión. Vengo de una cultura en la que expresar dolor no era algo aceptable. Estaba rodeada de gente que forzaba la gratitud. La danza me permitió sentir cosas y expresarlas de una forma que no podía hacer con las palabras. Empecé a escribir poesía a los 10 años. Me dio un lugar para procesar lo que me sucedía. Siempre quise que las palabras fueran bellas, aunque su significado fuera doloroso. Siempre encontré la belleza en el dolor. Creo que una parte de eso proviene de haber sobrevivido guerras, de ser inmigrante, y de haber estado rodeada de mucho dolor durante mi infancia, pero sin dejar de encontrar belleza a mi alrededor. Cuando crecí, encontré una conexión más profunda con mi voz en la escritura.

AE: ¿Cómo te sanas?

SK: Sano sintiendo. Sano escribiendo. Sano experimentando. Sano conectando.

Sara Kuburic *es terapeuta especializada en identidad, relaciones y trauma moral.*

Redescubre la alegría y permanece en ella

Algo que quizá descubras durante tu práctica de sanación es que algunos de tus seres queridos no podrán entender tu proceso. Si algo me ha enseñado la sanación es que no todo el mundo puede acompañarnos en nuestro proceso de autodescubrimiento. Una gran parte de las suposiciones de la gente es que solo porque estás sanando debes estar triste, dolido o sufriendo por ello. No siempre es así. Y ciertamente no es verdad para siempre.

La sanación no es lineal. Es fluida, entrecortada, desordenada y complicada. Es liberadora, expansiva, transformadora e intuitiva. Conforme avanzas en la sanación de tu corazón puedes experimentar alegría y lo harás. Quizá haya días nublados. Sanar nuestro corazón nos pide que nos abramos para poder deleitarnos con todo lo que nos espera.

Experimentar placer mientras sanas es posible. Nunca pensé que mi vecina me sonreiría o me hablaría, pero lo hizo. A veces lloré durante días por lo destrozada que me sentía. Esos días acabaron pasando, aunque parecía que no iban a pasar. Todo tiene su época y su lección.

Estar con nuestras heridas, llorarlas plenamente sin prisas ni juicios, y desentrañar nuestros traumas, es tan importante como sanarlas. Sentir que no conocemos la alegría es tan importante como aprender a verla y aceptarla cuando aparece. Así nos mantenemos curiosos y abiertos mientras sanamos. No tenemos que ahogarnos en la miseria porque estamos sanando nuestro corazón.

El alivio y la oportunidad pueden encontrarse en las profundidades del trabajo de nuestra alma. Darnos permiso para dejar la pesadez y mantener la ligereza es nuestro derecho de nacimiento. La vida y las cosas por las que pasamos no tienen por qué ser siempre una lucha. Se hace mucho hincapié en el trabajo interior que hacemos: sanar, reparar y avanzar. Pero algo que no se fomenta, de lo que no se habla o que no se celebra lo suficiente es alejarse de la sanación para simplemente dejarse ser como uno es.

Te invito a hacer todas las pausas que necesites durante el transcurso de este trabajo, sobre todo si te sientes agobiado o atorado. Incluso te animo a que te tomes un descanso de todo. El descanso emocional es un soplo de aire fresco, y te mereces no estar siempre en modo "solucionador". El objetivo no es pensar demasiado ni forzar la sanación o la alegría. Todo seguirá su curso de forma natural. En lugar de eso, haz espacio en la página para ver dónde aparece en tu vida o dónde quieres que surja. El paso siguiente es estar abierto a abrazar la gloria que te llega, sin cuestionarte si la mereces.

Cuando pienso en sanar mi corazón, pienso en la libertad de vivir y amar sin restricciones. Sé de primera mano lo aterrador que es no endurecer el corazón después de caminar por la oscuridad y el dolor. Sin embargo, es un reto enfrentarte a tus miedos a la hora de dar y recibir amor. Abrazar la alegría y experimentarla es algo que debemos practicar. Quizá no siempre resulte fácil reconocerla o aceptarla, pero mantén la puerta abierta para su llegada. Date permiso.

Aquí tienes algunas frases para tener cerca mientras sanas tu corazón y haces espacio para la alegría:

Me doy permiso para hablar.
Me doy permiso para no saber qué sigue.
Me doy permiso para cambiar de opinión.
Me doy permiso para sanar sin juzgarme.
Me doy permiso para dejar de dudar de mí mismo.
Me doy permiso para probar cosas nuevas.
Me doy permiso para estar solo y estar bien.
Me doy permiso para tener límites.
Me doy permiso para no tenerlo todo planeado.
Me doy permiso para fracasar y volver a levantarme.
Me doy permiso para ser un recipiente de alegría.

Escribe cartas a la alegría

Cuando estamos en las profundidades de nuestro dolor, puede resultar inimaginable pensar que llegaremos al otro lado. Uno de mis mayores retos fue superar los traumas infantiles que habían resurgido. Recuerdo que le dije a mi terapeuta: "He trabajado tanto para sanarme y ahora vuelvo a estar mal". Estaba desesperada por recuperar la alegría. Era agotador volver a ver las cosas que no podía cambiar, aunque sabía que era necesario hacerlo. Mi terapeuta me animó a hacer un trabajo de niño interior en mi diario.

"¿Cómo habrías protegido a tu yo más joven?", preguntó.

Yo acababa de dejar de llorar, y mi cara hinchada y mis ojos enrojecidos me miraban a través de la pantalla de la videollamada. El arrepentimiento por haber entrado a terapia empezó a inundar mi mente. "No lo sé", dije con el corazón encogido.

"Has llegado muy lejos, Alex", dijo con compasión en la voz. "Sé que es un trabajo duro y también sé que conoces la respuesta a esa pregunta, aunque te parezca lejana".

Ella tenía razón. Yo tenía las respuestas y, aunque me costara trabajo quitar las capas y ver todo lo que había debajo, debía intentarlo. Empezar por la alegría me resultaba más fácil. Durante mucho tiempo pensé que la alegría no me pertenecía o que estaba fuera de mi alcance. Elegir centrarme en la alegría mientras trabajaba en mi sanación me dio cierta esperanza de que las cosas podrían mejorar. En la terapia me di cuenta de que no buscaba que mi dolor o mi trauma se resolvieran. Sabía que eso no era constructivo. Lo que quería del trabajo que hacía era descubrir las posibilidades que ofrecía abordar mi sanación de frente.

Sabía que la alegría podía encontrarme, porque ya había visto y sentido destellos de alegría antes. Aprender a equilibrar la sanación con la expectativa de que la alegría emerja después de creer que nos ha eludido es un regalo que solo podemos darnos a nosotros mismos. En lugar de esperar a que me encontrara, decidí ser proactiva e invitar de nuevo a la alegría a mi vida.

Mi primera carta a la alegría empezaba así:

Querida Alegría:
Quiero volver a verte. A veces siento que me evitas, pero al final siempre vuelves. Gracias por darme el espacio que necesito para sanar y procesar la vida sin ti. Si no conociera el dolor, no te conocería a ti. Y aunque no puedo decir que haya disfrutado atravesar las luchas de mi vida sin ti cerca o a mi lado, estoy aprendiendo a quererme a mí misma cuando no estás y no solo cuando estás aquí.

Leer esta nota en voz alta me tomó algún tiempo, pero me grabé a mí misma leyéndola y la reproduje varias veces. Esto me sirvió de recordatorio para crear un espacio seguro para mí a nivel interior. Te animo a que escribas tu propia carta a la alegría siguiendo mi ejemplo anterior. Es una práctica útil porque te permite hacer espacio en tu vida para algo más que tus luchas. Tú no eres tu dolor. Date permiso para abrazar, reconocer y sentir la alegría.

Meditación

Recibe la alegría

Para esta práctica de meditación te invito a que te pongas cómodo y te concentres en tu respiración. Lee el siguiente guion en silencio o en voz alta, o grábalo en tu teléfono y escúchalo cuando necesites un recordatorio positivo. Inhala profundo y exhala con la boca abierta antes de leer.

Estoy encontrando momentos de alegría al no apresurar mi proceso.

Hoy no tengo que ver la luz al final del túnel, pero estoy abierto a recibir la alegría cuando llegue.

Encuentro momentos de alegría poniendo más atención a mis deseos y necesidades.

No tengo que encogerme ni silenciar mi voz mientras me sano.

Estoy encontrando momentos de alegría al abordar mi sanación de frente.

Ya no tengo que esconderme de mi dolor.

Encuentro momentos de alegría dándoles espacio a mi sanación y a mi dolor.

No tengo que elegir uno u otro. Los dos pueden existir y enseñarme algo.

Escribe en tu diario

Celebra la alegría

Recordar momentos de alegría puede levantarnos el ánimo y romper ciclos de desesperación. Pero centrarnos en lo bueno y lo hermoso de nuestro pasado requiere práctica. A veces nuestros recuerdos difíciles exigen la mayor parte de nuestra atención.

Escribe en tu diario tres recuerdos felices. Puede ser un pequeño momento de placer, una experiencia feliz con seres queridos o algo que te hizo reír hasta llorar. Mientras escribes, sumérgete en el recuerdo. ¿Dónde estabas? ¿Qué sentiste en el cuerpo? ¿Cómo puedes recuperar hoy un poco de esa alegría?

Vuelve a esta práctica cuando te sientas abrumado por recuerdos difíciles. Apóyate en lo bueno. Llénate de alegría. Siente el placer en tus huesos.

Sanación: un proceso activo
Doctora Yaba Blay

Alex Elle: ¿Quién eres y a qué te dedicas?

Doctora Yaba Blay: Me haces esta pregunta en medio de lo que parece una prolongada crisis de identidad, y tal vez no sea una crisis, tal vez sea una sanación. Soy educadora. Cuento historias. Soy creativa. Solía llamarme la "Reina de las ideas brillantes" porque me encanta idear cosas. Creo que soy una sanadora. Lo digo con dudas, solo porque sé que la gente tiene sus propias nociones de quién es un sanador o qué es la sanación. Parte de mi sanación consiste en verme en el espejo. Estoy trabajando activamente para nombrarme y reconocer lo que hago y lo que siento que soy.

Soy doctora en estudios afroamericanos y estudios sobre la mujer y de género. Cuando era estudiante de posgrado una de las únicas salidas profesionales de las que se hablaba era la de obtener un puesto de profesor con plaza permanente. Estar en el mundo académico me ha llevado a darme cuenta de su impacto en mí. Nos valoran en función de la docencia, la investigación y el servicio. Cuando me gradué no tenía trabajo. A diferencia de muchos de mis compañeros, no tenía un puesto fijo porque decidí escribir mi tesis y no salir de inmediato al mercado laboral. Me gradué, ya había terminado, pero no tenía trabajo. Sentí que emprendí un viaje de puesto tras puesto, ya fuera una combinación de administración y docencia o exclusivamente como profesora. Siempre he enseñado, pero aún no tenía ese puesto fijo. En aquel momento lo sentí como un fracaso. Ahora veo que fue una bendición, porque me dio un nivel de libertad especial. Siempre he hecho trabajo creativo, o lo que parecía mi propia investigación independiente, "al margen", mientras enseñaba, no con el propósito de obtener créditos académicos por ello, sino porque *deseaba* hacerlo. Estoy muy vinculada a mi trabajo. Refleja mi vida, mis curiosidades y mi viaje. Ese es uno de los mayores regalos que recibí al formarme en estudios negros en la Universidad de Temple, cuna de la afrocentricidad.

AE: ¿Qué aprendiste sobre ti misma y sobre la sanación mientras enseñabas, estudiabas y estabas en la Universidad de Temple?

YB: Me centré mucho en África como parte de mi metodología de investigación. Se me permitió centrarme en mí misma. No seguimos el camino tradicional de la objetividad, en el que de alguna manera hay que distanciarse del trabajo. Por el contrario, debíamos estar conectados con el trabajo así como teníamos que estar conectados con nuestra gente.

Y siempre ha sido un regalo porque todo mi trabajo empieza conmigo. No tengo que disculparme por lo que me interesa hacer. Mi trabajo sobre el colorismo se debe a que crecí con la piel oscura y el pelo rizado como ghanesa de primera generación en Nueva Orleans. Siempre he sido muy consciente de cómo me veo y de lo que eso significa en términos de cómo la gente ve y estima mi valor. El colorismo es mi vida. Trabajar contra el colorismo forma parte de mi sanación. Antes de empezar mi doctorado tenía una maestría en asesoramiento psicológico. Era terapeuta licenciada y en ejercicio. Me atrajo el enfoque cognitivo-conductual principalmente por la conexión entre lo que pensamos y lo que hacemos.

En 2019, dejé la academia; no lo sentí como una salida permanente y aún no lo siento así, pero decidí no estar en eso por ahora. No era feliz. El trabajo que me sostenía y me llenaba era el que estaba haciendo "por fuera". Me encanta enseñar, pero tener que funcionar dentro de los confines de la academia era demasiado. No sabía qué iba a hacer y, aun así, dejé mi puesto en Carolina del Norte, me mudé a Filadelfia, donde están mi hija y mis nietas, y me quedé sin trabajar. Entonces llegó el covid-19 y, por suerte, mi comunidad en las redes sociales me apoyó sinceramente con ofrendas de amor y cosas así. Trabajé como consultora, di conferencias, pero no tenía la "estabilidad" del ingreso fijo. Pero eso me daba una sensación de libertad.

AE: ¿Hubo algo en particular que te impulsara a sanar más?

YB: No veo la sanación como un punto final. Es un proceso continuo que dura toda la vida. Tampoco veo la sanación como algo que nos cubre como una manta. Hay partes de nosotros que necesitan sanación de diferentes maneras. Sé que hay partes de mí que han sanado. Hay partes de mí que han empezado a sanar. Hay partes de mí que quizá nunca sanen. Cuando reflexiono sobre mí misma y observo mi identidad y el sentido de mí misma, la sanación ha aparecido a través de la educación y aprendiendo activamente cómo hacer mi propio trabajo del alma. Sin embargo, me doy cuenta de que hay partes de mí que todavía necesitan sanar. La pequeña Yaba todavía necesita darles sentido a ciertas cosas que ha vivido; una Yaba adulta está intentando dar sentido a lo que se encuentra hoy. La sanación se produce cuando veo a los negros prosperar, sobrevivir y resistir. Puedo emocionarme hasta las lágrimas con fotos y relatos históricos. Pensar en quién ha sido siempre nuestro pueblo es como un acto de conexión que demuestra que nuestra historia no se remonta al pasado. La sanación es un proceso activo; estar en él es sanación.

AE: ¿Qué modalidades creativas has usado o usas para sanarte?

YB: La música y el baile me alegran, y también jugar en internet. Las cosas que me alegran me ayudan a sanar. Lo que me parece tan interesante es que (y esto puede deberse a mi ascendente en Géminis) me encanta la idea de que haya una doctora Blay y una Yaba. Está el trabajo, pero también está la persona. Así que, sin importar lo que creas que es un erudito, un profesor o una persona pública, yo puedo serlo. Pero también voy a ser siempre Yaba. Soy tonta. Me encanta reír. Me encantan las redes sociales, en particular Instagram y TikTok. Reúno videos semanales de estas plataformas para mi comunidad en línea, y es muy reconfortante reunir el material y ver que encontramos la alegría de forma activa, incluso frente a la supremacía blanca. No sé si alguien más puede hacer esto como lo hacemos nosotros. Nuestra gente sabe divertirse. Instintivamente, aunque no podamos nombrarlo, sabemos que, físicamente, en nuestro cuerpo se liberan endorfinas y otras señales cuando reímos y sonreímos. Eso es sanador para mí.

La doctora Yaba Blay *es profesora, académica-activista, oradora pública, trabajadora cultural y consultora.*

Libérate de lo que ya no te sirve

A lo largo de estos pasos hemos ido aprendiendo poco a poco a identificar las historias, las dudas y el dolor que ya no nos sirven. Es hora de dejar que esas cosas se vayan. Si no te permites soltarlas, te resultará dolorosamente difícil sanar. Sé que puede parecer abrumador o más fácil decirlo que hacerlo, liberar nuestro trauma pasado como nuestra verdad, soltar esos sentimientos de vergüenza, culpa y duda. Separarnos de lo que nos agobia requiere valor y la voluntad de ser vulnerables con nosotros mismos y con los demás.

Al crecer, es posible que algunos no hayamos tenido el espacio para practicar lo que necesitábamos o queríamos. Cuando analizamos lo que significa liberar para recibir, te invito a hacer todo lo posible por dejar en la puerta el comportamiento aprendido de no nombrar nuestras necesidades ni expresar nuestros deseos. Cuando soltamos lo que ya no nos sirve o lo que nos impide despojarnos de las capas de sanación, dejamos espacio para nuevas formas de explorar quiénes somos, la vida que queremos crear y las relaciones que deseamos tener con nosotros mismos y con los demás.

Soltar deja espacio para algo más grande, incluso cuando es difícil hacerlo. Tenemos el poder de desplegarnos y florecer. La abundancia está esperando. Siempre podemos elegir nuestra sanación. Comprométete a no esperar más a que ocurra algo mágico o devastador para empezar a hacer el trabajo de tu alma. Elegir empezar justo donde estás en la vida es liberador y lleno de gracia. Nunca estamos demasiado rotos para empezar. Incluso cuando sentimos que estamos hechos pedazos, podemos soltar la creencia de que la ruptura es donde encontramos nuestra plenitud.

Soltar es una elección que todos debemos hacer.

Podemos quedarnos atorados en los ciclos que nos frenan, o deshacernos de las cosas que ya no nos sirven. Finalmente, soltar lo que ya no te sirve te permitirá empezar a llenar tu espacio y tu vida con las cosas que realmente nutren tu alma.

Conecta con tu poder aprovechando la confianza en ti mismo y liberándote de las dudas. Todo lo que llevas dentro y que te da miedo soltar te lo han transmitido otros. Puedes elegir dejar de aferrarte a cosas que no son tu narrativa ni tu verdad. Recuerda de lo que eres capaz.

Estás en el buen camino para sanar tu corazón a un nivel más profundo. Incluso si crees que ya has hecho este trabajo y que no necesitas soltar nada más, piénsalo dos veces. Examina tu vida, tus relaciones, tus patrones y tus hábitos y observa qué puede mantenerte atorado, asustado o desconectado. Recuerda que siempre seremos estudiantes en este trabajo y en la vida. Mantente comprometido con las diferentes formas en las que puedas necesitar cambiar y ajustar.

En el siguiente ejercicio te invito a que escribas todo lo que estás soltando. Míralo todo y suéltalo: no más excusas para aferrarte a cosas, personas o patrones que te mantienen secuestrado a nivel emocional. Un nuevo comienzo está en el horizonte. Deja tus inseguridades y autojuicios a tus pies. Sigue tu camino y haz las paces con la separación.

Escribe en tu diario

Frasco de liberación

Para esta práctica necesitarás un frasco con tapa y pequeños trozos de papel. Etiqueta tu frasco con la frase "Estoy soltando". Diviértete decorándolo. Puedes usar estampas, marcadores, diamantina, listones, pintura o cualquier otra cosa que te parezca divertida y emocionante. Permite que tu niño interior juegue, haga un caos y se suelte. Ese frasco va a ser el centro de tu práctica de sanación durante las próximas semanas. Durante un mes escribe todos los días algo que quieras dejar ir. Guarda el frasco en un lugar donde puedas verlo. Lo que se te ocurra, escríbelo en un pedazo de papel, dóblalo y échalo al frasco. Al final del mes, es hora de celebrar todo lo que has soltado. Tal vez te prepares una buena comida y leas tus notas. Tal vez enciendas una fogata en el jardín y hagas un ritual quemando tus notas. Tal vez lo hagas con un amigo y se reúnan para comparar las cosas que hay en sus frascos. Observa qué se siente soltar lo malo para dejarle más espacio a lo bueno. Dejar ir es un trabajo duro. Requiere energía y paciencia. La práctica repetida de nombrar las cosas que ya no te sirven y guardarlas en el frasco también le ayudará a tu cerebro a soltarlas.

Sanar en las respuestas
Lisa Olivera

Vuelvo continuamente a mí misma de muchas maneras, desde mi trabajo como terapeuta hasta mis relaciones e incluso en mi proceso de sanación. En el pasado he tendido a asociar lo que soy y lo que hago con mi carrera. He intentado salir de esa tendencia y abrazar la presencia que quiero tener en el mundo. Estoy trabajando para que sea suficiente lo que soy hoy en el mundo. Ahora mismo, eso incluye hacer terapia y mantener ese espacio. También toma forma escribiendo, compartiendo, creando y conectando.

Lo que inicialmente me llevó a saber que necesitaba sanación fue lidiar con el abandono y la separación de mi madre biológica y ser una niña adoptada. Luchaba con mi identidad y no me sentía suficiente. Me preguntaba todo el tiempo por qué estaba aquí y si pertenecía o no.

Esas preguntas me persiguieron durante mucho tiempo, y también por mucho tiempo guardé silencio sobre ellas. Me pesaba mucho a mí misma y tenía mucho miedo de ser sincera al respecto. Llegó un momento en que ya no quería vivir. Al enfrentarme a ese ajuste de cuentas me di cuenta de que las cosas no podían seguir como estaban. Y yo no podría vivir si las cosas seguían igual. Algo debía cambiar.

Estar al borde del suicidio me obligó a descubrir que la sanación era posible. Fue un proceso muy lento del que me avergoncé durante mucho tiempo.

Ahora sé que todo por lo que pasé tenía un propósito y era necesario. Me dio la vida que necesitaba y que entonces no sabía que podía tener. En un momento dado, tener una relación sana conmigo misma me parecía algo muy lejano. Ahora me doy cuenta de que la sanación es un proceso continuo.

Hay momentos en mi vida en los que vuelvo a recordar algunas de esas viejas historias, y es una prueba de que mi sanación no ha terminado porque haya aprendido muchas lecciones y cultivado cierta sabiduría a lo largo del camino. Todavía tengo que hacer el trabajo. Las distintas estaciones requieren distintos tipos de sanación. Cada estación se ve y se siente diferente en distintos momentos. Ciertas circunstancias de la vida sacan a relucir viejas partes de mí que debo recordar seguir cuidando. Es un viaje continuo que sé que nunca terminará, y es un alivio no pensar que se supone que debe terminar.

La terapia me hizo comprender la importancia de encontrar respuestas a las preguntas que me planteaba. Durante años no me permití explorarme, hasta este momento de mi vida. El catalizador para una sanación aún más profunda comenzó cuando decidí buscar a mi familia biológica. Esto me llevó a encontrar a mi hermana a través de Ancestry.com, algo que nunca imaginé que sucedería. Me abrió las puertas a mucha bondad y también a mucho dolor. Esa experiencia me permitió ver partes de mí misma que no podría haber visto sin verlas reflejadas en esas personas con las que tenía una conexión biológica innata, en especial mi hermana. Conectar con ella y conocerla por primera vez hace varios años validó la necesidad de comprender mi identidad, de saber de dónde vengo. Me ayudó a desentrañar y explorar el deseo innato de estar conectada con personas que forman parte de mí. Conocerla fue quizá la primera vez que realmente sentí que no estaba sola en el mundo.

Hubo momentos en los que me dije conscientemente: "No estoy sola". Pero al conectar con mi hermana tuve la sensación física de "Guau, realmente no estoy sola". Eso me produjo muchos sentimientos. Estaba agradecida y afligida. Sentí mucho dolor por todo el tiempo que pasé lejos de ella y por los años que pasé anhelando un sentimiento de pertenencia, sin saber que estaba ahí fuera o que alguna vez llegaría a tocarlo. Desde entonces, una gran parte de mi sanación ha sido desenredarme, sentirme sola y a la vez permitirme estar conectada. Sentirme vista en otros espacios, a los que me había cerrado durante mucho tiempo. Conectar con mi hermana me mostró las áreas que aún necesitaba cultivar en mí misma. Aún hoy sigo integrándome y aprendiendo a hacerlo. Pero conocerla, y finalmente conocer a mi madre biológica, me permitió obtener algunas respuestas a las preguntas que me había estado haciendo toda mi vida. De cierta forma, me dio valor para enfrentarme a mí misma.

A lo largo de los años, conforme he explorado mi historia de sanación, el tiempo en la naturaleza ha sido terapéutico y una vía de creatividad para mí. Estar en lugares hermosos y respirar profundo me permite acceder a una parte de mí misma que me nutre. Escribir también ha sido vital en mi proceso de sanación. Con los años he dejado de escribir desde el dolor. En cambio, empecé a escribir como una forma de comprenderme a mí misma. Hacer preguntas reflexivas empezó a no parecerme tan difícil. La sanación a través de la escritura me permitió explorarme a un nivel más profundo. No me limitaba a procesar todo lo que estaba mal; también empecé a descubrir la conciencia de mí misma. Empecé a ver quién era.

El descanso emocional ha sido imprescindible en este camino de conexión, descubrimiento y búsqueda de respuestas. Sin él, la sanación puede convertirse en una lista de tareas pendientes, lo que finalmente derrota su propósito. Es muy fácil olvidarlo cuando nos bombardean con el viaje de sanación de los demás y las diferentes modalidades que existen en línea. Como terapeuta he llegado a comprender que debo descansar de forma intencional, dar un paso atrás y vivir mi propia vida. Es un trabajo duro y requiere un esfuerzo intencional. Aun así, no se supone que deba estar todo el tiempo sanando, creciendo y trabajando en mí misma; no necesito convertirme en un proyecto. El ciclo constante de superación personal no me nutre.

Cuando miro atrás en mi vida me doy cuenta de que sano al frenar lo suficiente para escucharme a mí misma, dispuesta a preguntar qué hay ahí y respondiendo con honestidad. Y continuamente intentando encontrarme donde estoy —momento a momento— y permitiendo que eso sea suficiente, una y otra vez, para siempre.

Lisa Olivera *es escritora y terapeuta.*

Una nota para ti

Estimado lector:

Ha llegado al final de *Cómo sanamos*. Gracias por compartir el espacio conmigo. Espero que el trabajo y las historias en este libro te hayan hecho sentir visto, seguro, apoyado y menos solo.

Permite que la gracia te encuentre exactamente donde estás. Mi deseo es que estas páginas te ofrezcan herramientas que te ayuden en tu viaje, tanto si acabas de empezar como si estás muy de lleno en este trabajo. Espero que vuelvas una y otra vez a los pasajes que más te han llamado la atención. Mereces sanar, cambiar y crecer. Sé que este libro puede parecer pesado y difícil de leer, pero tómate tu tiempo. Tu sanación no va a ninguna parte. No tienes que resolverlo hoy o mañana. Simplemente ten la disposición de intentarlo cuando estés listo.

Permítete ser un trabajo en progreso. Hay mucho que desempacar y ordenar. Apurarte no hará que la sanación sea menos difícil ni más completa. Ya no tienes que esconderte de ti mismo. Puedes estar presente y empezar tu sanación con una pluma y un papel.

Sé lo intimidante que puede resultar. Sé lo difícil que puede ser permitir que la vulnerabilidad marque el camino, pero la vergüenza y la culpa no son espacios seguros en los que debas permanecer. Aléjate de ellos y recuerda la vida y la sanación que dices que quieres tener. Puedes hacer cosas difíciles y crear la vida que deseas, aunque quienes te rodean no lo entiendan o no estén preparados para comprender tu camino.

Sanamos día a día, momento a momento, página a página. Sean suaves consigo mismos, amigos. Los apoyo y los animo desde la distancia. Haz espacio para derrumbarte, fracasar y volver a intentarlo. Puedes sanar y lo harás lenta, pero inexorablemente.

Mucho amor,

Alex Elle

Agradecimientos

A mi marido, te amo más allá de las palabras y estoy muy agradecida por tu apoyo inquebrantable y tus palabras de ánimo. Eres mi punto de apoyo. Gracias por ser mi espejo cuando mi visión no es clara.

A mis hijos, los veo y los adoro. Por ustedes me sano con intención.

A Denisio y Racheal, gracias por contestar mis llamadas al azar y escuchar las versiones buenas y no tan buenas de este libro. Necesitaba su amor, apoyo y ánimos para profundizar. Su atención y paciencia significan más de lo que imaginan.

A mi madre y a mi abuela, me ayudaron a abrir el camino. Sin ustedes no existiría yo. Ha sido hermoso conocerlas como mujeres. Sus historias me han enseñado mucho sobre la gracia, la compasión y la conexión.

Ambas me siguen ayudando a sanar por el camino.

A mi agente, Cindy Uh. Eres un sueño en forma humana. ¿Cómo tengo tanta suerte? No podría hacer este trabajo sin ti. Gracias por ser una roca y un lugar de paz durante todo este proceso. Eres alguien de verdad.

A mis editoras, Rachel Hiles, Sarah Billingsley y Leigh Saffold, y a la diseñadora Vanessa Dina, su amabilidad, gracia y apoyo quedarán para siempre. Gracias por ver y creer en mi sueño.

A todo el equipo de Chronicle Books, su confianza en mi trabajo es muy importante para mí. Gracias por todo su trabajo y esfuerzo. Me enorgullece publicar libros con una casa tan atenta y amable.

A la doctora Yaba Blay, Tabitha Brown, la doctora Thema Bryant, Glennon Doyle, Luvvie Ajayi Jones, Nneka Julia, Sara Kuburic, Chriselle Lim, Morgan Harper Nichols, Lisa Olivera, Megan Rapinoe, Barb Schmidt y Nedra Glover Tawwab, sus historias se quedarán conmigo para siempre. Gracias por su vulnerabilidad, fraternidad y honestidad. Nuestras conversaciones me han cambiado para siempre.

A todos los lectores de mis libros, a los alumnos de mis cursos y a mi comunidad dentro y fuera de internet: este libro no habría sido posible sin su inquebrantable amor y apoyo. Gracias por confiar en mí y acompañarme en este viaje.